Sergio Fumich

ALEPH–ZERO

LA BIBLIOTECA DI BABELE ESISTE

PUBLISHING

ALEPH–ZERO
La Biblioteca di Babele esiste

di Sergio Fumich

Stampa e Distribuzione: LULU.com

Isbn 978-0-244-90823-2

Free Writers

PUBLISHING

2017

FORUM

Puro spettacolo informatico di controversie
il limite di lunghezza il suo pregio speciale
i miei ragionamenti citazioni esaurite
il tema filosofico prima diffuso su carta e voce
e ora scolpite sui bit
in lastre di solidità mai creduta
conoscenza e comunicazione
una folla di umani nel loro mondo quotidiano
come strumento semplicemente superato

"Che te ne pare di questa poesia? Intuisci come è stata costruita? Penso proprio che adesso posso andare a dormire". Scrivevo così in una risposta al mio interlocutore in un dialogo sul forum della rivista online *Punto Informatico*. L'argomento del nostro scambio di opinioni verteva sulla questione del diritto d'autore con particolare riguardo ai file audio musicali. Ho inserito in appendice due miei principali interventi, quelli che hanno rappresentato, poi, il punto di partenza di una mia riflessione più ampia che riguarda il *numero* nella sua essenza di rappresentante, *significante*, della realtà e della *nostra* stessa esistenza: questione che rimane tuttora inedita e che oltrepassa il banale orizzonte di un problema inconsistente, quale è il diritto d'autore di cui qui, in questo opuscolo – lo anticipo – disserterò facendomi guidare semplicemente dal buonsenso. Le questioni giuridiche saranno, infatti, lasciate fuori, anche se potranno apparire quale convitato di pietra sullo sfondo del discorso, proprio perché ritenute inconsistenti dal momento che il problema stesso, riferimento delle considerazioni che qui saranno svolte, mostrerà la sua propria inconsistenza, svelandosi per quello che è, checché se ne dica: una mera speculazione di potentati economici che operano nell'ambito culturale, un volgare *business* che, a ben guardare, rappresenta esso stesso *per trenta denari* – si fa

per dire – un fondamentale danno al progresso ed alla libera crescita culturale dell'uomo, limitando la conoscenza e l'attività educativa. Valga per tutti un esempio tratto dalla quotidianità. Nel 2008, visitando il sito *Liber Liber*, indubbiamente benemerito quanto a diffusione della cultura sul web, alla voce relativa a Gabriele D'Annunzio si poteva leggere questo comunicato dei gestori:

Aspettando il 1° gennaio 2010

Su richiesta della Mondadori e della fondazione *"Il Vittoriale degli Italiani"* ci vediamo costretti a interrompere la pubblicazione di diverse opere di Gabriele D'Annunzio.

Liber Liber ha pubblicato le opere di D'Annunzio nel pieno rispetto della legge, ma siamo comunque costretti ad accogliere l'ingiunzione dei legali della Mondadori non potendo sostenere un contenzioso legale, anche se certamente lo vinceremmo, perché non abbiamo fondi a sufficienza per assumere un avvocato e attendere i molti anni necessari a una sentenza.

È due volte ingiusto: perché le richieste degli avvocati della Mondadori e della fondazione *"Il Vittoriale degli Italiani"* impoveriscono il patrimonio culturale liberamente e legittimamente disponibile su Internet, e perché la lentezza e i costi della giustizia italiana creano una disparità fra chi, a torto o a ragione, ha i mezzi per sostenere una causa, e chi no.

Il tutto avviene in un contesto inquietante, con le multinazionali che fanno pressioni sui legislatori per deformare sempre di più le leggi sul diritto d'autore. Ne sono riprova alcuni provvedimenti recenti:

– l'estensione a 70 anni del copyright ovvero il numero di anni in cui il proprietario di un diritto – tipicamente una multinazionale – può arrogare a sé lo sfruttamento esclusivo di un'opera, nonostante il decesso dell'autore. Soffocando così la libera concorrenza e tenendo alto il prezzo della cultura. Da osservare che negli Stati Uniti le multinazionali nel 2003 sono riuscite a estendere ulteriormente la durata del copyright, portandola a 95 anni dopo la morte dell'autore. E ora stanno provando a fare lo stesso in Europa;

– l'imposizione di una tassa su ogni tipo di supporto informatico nel 2003: il Governo italiano ha varato un provvedimento che tassa hard disk, CDROM, floppy, DVD, ecc. allo scopo di "risarcire" le multinazionali dai pirati musicali, come se ogni proprietario di un hard disk o di un floppy fosse un criminale che deve risarcire un danno.

Si deve porre un argine a tutto questo, e puoi contribuire anche tu

4

semplicemente informando i tuoi conoscenti. Denunciare queste manovre (che non hanno eco sulla stampa e nelle TV, di proprietà delle stesse multinazionali che vogliono queste leggi inique) è infatti il primo passo.

Tornando all'*incipit*, per il lettore che si fosse posto il problema di immaginare la risposta alla domanda *"Intuisci come è stata costruita?"*, chiarisco subito qui che la *poesia* è stata costruita usando le parole stesse del mio interlocutore tratte dal precedente suo intervento nel forum. E già una riflessione sarebbe forse doverosa: così come non vi può essere copyright alcuno sulle parole del vocabolario, non vi può essere neppure su brani di frasi o anche frasi intere; ma fermiamoci qui, a questa briciola di verità dettata dal buon senso, un primo argomento che sarà a pieno ripreso nel prossimo capitolo.

Una prima svolta sulla materia, una breccia nel muro politico-lobbistico dei potentati economici e delle multinazionali della cultura, si è registrata nel 2013 ed è utile evidenziarla dal momento che informazioni simili non sono propagandate, ma anzi oscurate dai media di larga diffusione, cosa inevitabile del resto, essendo essi di proprietà o *clientes*[1] di quei potentati e multinazionali. Parimenti, in aggiunta, è facile trovare in rete siti di studi legali che presentano una disciplina del diritto distorta da interpretazioni restrittive, il cui unico fondamento è l'impossibilità economica del singolo nel sostenere azioni legali per opporvisi.

Il 14 novembre 2013 venne depositata in America una sentenza che, dopo un processo durato otto anni, apriva un nuovo capitolo nella storia dell'editoria. Nella lunga controversia avviata dalla Gilda degli Autori (The Authors Guild Inc.) e altri, contro Google, fu riconosciuto che l'elaborazione digitale di materiali librari protetti da copyright nell'ambito del progetto *Google Books* di scansione e digitalizzazione, che aveva riguardato fino ad allora oltre venti milioni di volumi, rientrava nei canoni dell'*uso legittimo (fair use)*, e di conseguenza non costituiva una violazione del diritto di copia. La corte newyorchese nella sentenza metteva in rilievo la pubblica utilità sociale, sia pure nell'ambito di un'attività lucra-

---

1   Nel senso dell'antica Roma. *Clientes* erano persone subordinate ad un patrono, le quali in cambio di protezione, assistenza giudiziaria e distribuzioni di cibo e denaro gli procuravano voti alle elezioni e informazioni, per lui facevano commissioni o viaggi e sempre per lui si arruolavano. Dal termine latino derivano le parole, di uso comune odierno in politica, *clientela* e *clientelismo*.

5

tiva, dell'opera svolta da Google, assumendo sul piano culturale il contesto di riferimento delle *digital humanities*, che avrebbero così avuto un avanzamento tecnologico formidabile, sottolineandone il peso nella moderna pratica della ricerca scientifica. La corte nella sostanza ribaltava l'ottica circoscritta e corporativa della Gilda degli Autori, incentrata sugli aspetti strettamente editoriali e su un'interpretazione restrittiva delle leggi sul copyright, e poneva la questione sul piano più generale del rilievo culturale e politico dell'operato di Google, emettendo un giudizio sulla base degli effetti positivi del suo contributo.

Cinque fattori, secondo la sentenza della corte, permettono di collocare la digitalizzazione di Google entro i confini del *fair use*, di una pratica, cioè, legittima ed equa per la legge americana, pur essendo l'operato di Google, che riguarda l'interezza delle opere, svolto senza formale autorizzazione ed avendo esso fini commerciali:

> Il primo consiste nel fatto che è proprio grazie alla digitalizzazione di questa enorme quantità di libri se Google costituisce oggi uno strumento insostituibile per la ricerca bibliografica e la catalogazione.
>
> Il secondo riguarda più specificamente le pratiche di *data mining* e *text mining* rese possibili dall'elaborazione digitale dei libri acquisiti che, grazie al riconoscimento dei caratteri e alla conseguente trasformazione in testi digitali, possono essere sottoposti ad analisi statistiche o ricerche per stringhe di testo, e riuniti in raccolte in vista dell'immediata costituzione di liste di frequenza o concordanze (tutte pratiche che anche solo un decennio fa avrebbero richiesto anni di lavoro di intere équipe di ricerca). Questo trattamento, inoltre, rende i libri fruibili per i non vedenti e per altri utenti con ridotte possibilità di accesso.
>
> Il terzo fattore consiste nel vantaggio procurato alle biblioteche periferiche o che dispongono di fondi limitati (sempre più numerose, come è noto), alle quali il programma offre nuove e razionali possibilità di accesso ai testi e valutazione preventiva sulle acquisizioni.
>
> Il quarto fattore riguarda la «nuova vita» data ai libri irreperibili perché fuori commercio, elemento determinante se si pensa che al giorno d'oggi la vita commerciale di un libro si conta in settimane.
>
> Quinto e ultimo fattore, l'impulso dato da Google ai canali di accesso tradizionale e di vendita commerciale, ai quali viene data piena evidenza nella pagina di informazione bibliografica di ciascun titolo.[2]

---

2   Cfr. Andrea Libero Carbone, *Google batte tutti. La sentenza sul programma di digitalizza-*

Dalle due citazioni sopra riportate, dal comunicato di *Liber Liber* e dalle motivazioni della sentenza della corte americana, risulta evidente che il cosiddetto *diritto d'autore*, come da noi, in Italia, si indica il *copyright* ovvero il diritto di copia[3], con l'autore ha ben poco a che fare o addirittura nulla. La normativa nella realtà delle cose garantisce e tutela banalmente il profitto di una multinazionale – così sottolinea *Liber Liber* – o di una grossa casa editrice che ha acquisito dall'autore il diritto di pubblicare quanto da lui prodotto in maniera esclusiva, e che – come evidenzia il quarto punto della sentenza della giustizia americana – può già solo dopo qualche anno o anche qualche mese decretarne l'inesistenza, non immettendolo più sul mercato: una inesistenza che può durare secondo la legge italiana per settant'anni o per quella americana quasi un secolo dalla morte dell'autore, e, dunque, che può trasformarsi in una inesistenza *tout court*. Va detto fuori dai denti: la normativa che riguarda il cosiddetto *diritto d'autore* è di fatto una normativa *contro* l'autore. Una pratica, considerando ogni libro, anche il più insignificante, come un contributo alla conoscenza ed al progresso umano, oscurantista, contro i buoni "monaci medievali", gli amanuensi che lavorando nello *scriptorium* del proprio convento permisero la conservazione degli antichi manoscritti. A dirlo sono i numeri della statistica.

Nel suo blog sull'*HuffingtonPost*, la scrittrice giornalista Flavia Piccinni indicava[4] in 45 giorni il tempo che un libro trascorre sugli scaffali di una libreria prima di essere rimandato al mittente. Limitandoci al caso Italia, diamo un'occhiata critica ai numeri che annualmente fornisce l'A-IE, l'Associazione Italiana Editori, nel suo annuale rapporto sullo stato dell'editoria in Italia[5]. Il rapporto 2015 evidenzia, ad esempio, che nel 2014 nel nostro paese sono stati pubblicati 61.000 nuovi titoli su carta e 52.000 ebook. Nel contempo ci dice che, sempre nel 2014, i libri di carta in commercio (i cosiddetti titoli *commercialmente vivi*) ammontavano a

---

zione. Articolo pubblicato nel blog *Cybertesti* della rivista culturale online *Doppiozero* il 20 novembre 2013.

3   Il verbo inglese *to copy* significa *imitare, copiare*, ed il sostantivo *copy* significa *copia, esemplare, riproduzione*. Il riferimento è in ogni caso all'oggetto materiale, fisico: libro, quadro, ecc. Si ritornerà su questa evidenza.

4   Nel post *Qual è la vita media di un libro?*, pubblicato il 4 maggio 2016.

5   I dati riportati sono estratti dalla sintesi del *Rapporto sullo stato dell'editoria in Italia 2015*, a cura dell'Ufficio Studi Aie.

7

861.000. Restringendo l'attenzione ai libri fisici, di carta, e considerando i due dati, titoli annualmente pubblicati e titoli commercialmente vivi, possiamo farci immediatamente un'idea della possibilità di vita commerciale di un libro. Se supponessimo, ma così non è, che il numero indicato dei libri di carta in commercio, rappresentasse il complesso dei titoli pubblicati annualmente, avremmo come *vita commerciale* di un libro 14 anni e rotti mesi. Un altro dato statistico che può trarre in inganno, è quello riguardante la vendita media di copie di un libro immesso sul mercato: 4.000 copie. Una media appunto, ma si sa bene che la stragrande maggioranza dei libri vende *realmente* poche copie quando non nessuna e se supera le 500 si può gridare al miracolo. *"Su decine di migliaia di autori, molto meno dell'un per cento vive della propria scrittura"* scriveva qualche anno fa in un articolo *La Repubblica*[6] e aggiungeva – parliamo di letteratura *creativa* – *"In Italia gli autori che possono permettersi di vivere di soli romanzi sono una decina al massimo"*. E ancora, *"Soltanto chi vende tra le 50 mila e le 100 mila copie una percentuale minima riesce a garantirsi un discreto tenore di vita"*. Sempre lo stesso articolo riporta queste parole dello scrittore Antonio Pascale[7]: *"La maggioranza degli scrittori italiani non vive solo di scrittura. Il conto è presto fatto: 15 mila copie vendute, obiettivo che raggiungono in pochi, corrispondono a 15 mila euro di ricavi"*. Ma Pascale nella sua esternazione riportata da *La Repubblica*, evidenzia anche un aspetto, per così dire, *sindacale* presente nella testa di molti autori, che li fa alla fine strumento docile e giustificazione del protezionismo lobbistico delle case editrici del proprio profitto: *"Però non c'è solo il fattore vendite, ma anche un problema culturale: spesso gli scrittori non considerano il loro come un lavoro da retribuire. Sono i primi a non chiedere un compenso per le presentazioni. Io senza un gettone di presenza non vado da nessuna parte"*. E questo perché si sente un trascurato: *"Nel nostro paese non si crede più nel valore degli intellettuali come in Francia e Scandinavia"*.

Secondo il citato rapporto 2015 dell'associazione degli editori, tra l'altro nonostante l'enfasi espositiva sulle risultanze ricchissimo di segni *meno*, il fatturato complessivo del mercato del libro in Italia nel 2014 era di 2,6 miliardi di euro. Non una gran cifra se si considera che, oltre ai grandi gruppi editoriali, erano 1.190 le piccole case editrici che avevano

---

6   Raffaella De Santis, Dario Pappalardo, *La scrittura non paga*, 2 novembre 2010.
7   Ha scritto *La città distratta* (Einaudi) e *Questo è il paese che non amo* (minimum fax).

pubblicato più di 10 libri nel 2014. In questo contesto diamo uno sguardo ai guadagni degli autori. Restringendo l'attenzione all'ambito letterario ritenuto più *creativo*, in un post nel blog *Lettere Matte*[8] si ribadisce quanto detto più sopra: *"Non esagero se dico che un esordiente che riesce a piazzare sul mercato 500 copie del suo romanzo è un mezzo miracolato. Alcuni editori cominciano ad aprire lo spumante già dalla copia numero 200. Certo, esistono i Moccia e i Giordano, ma questi signori è come se avessero vinto alla lotteria di capodanno".* Il post, poi, come molti altri analoghi facilmente reperibili in rete, espone il risvolto economico per l'autore derivante dalla pubblicazione di un libro. In sintesi, generalmente, l'importo relativo ai diritti d'autore riconosciuti dall'editore, secondo le diverse fonti, si aggira intorno al 7,5 – 10% del prezzo di copertina (12 – 15% se l'autore è *affermato*), un po' meno, 5 – 7%, se è un'edizione tascabile. In caso di pubblicazione a pagamento l'autore può vedersi riconosciuto il 15 – 20% del prezzo di copertina. Supponiamo ora che il nostro libro pubblicato rientri tra quelli per cui è stata stappata una bottiglia di spumante, abbia cioè venduto 200 copie, e che il suo prezzo di copertina sia 20 euro. Bene: il nostro guadagno come autore, consistente in 1,50 – 2 euro a copia, risulterebbe tra i 300 e i 400 euro, ovviamente al lordo. Nel mettersi nei panni di un autore, bisogna anche considerare che ci si muove spesso in una giungla, cioè che *ci sono editori che non danno anticipi, che riconoscono percentuali irrisorie o nulle sulle vendite, che propongono contratti per più libri in modo da legare l'autore a sé a vita, se va bene, o scaricarlo all'istante, se va male; che esistono addirittura editori che si fanno pagare dagli autori, direttamente o indirettamente, imponendo per contratto un numero minimo, ma alto, di copie da acquistare così da coprire le spese e annullare il loro rischio*[9]. Naturalmente vi sono editori seri, anche se non molti, che *quando decidono di pubblicare un libro riconoscono a chi l'ha scritto anticipi accettabili – assumendosi, quindi, il famoso rischio di impresa*[10] – *e percentuali congrue sulle vendite.* Certamente, un autore potrebbe rallegrarsi in ogni caso, e farsene una ragione dandosi una pacca sulla spalla con un *"comunque ho pubblicato il mio libro".* Ma *pubblicare*

---

8   Il titolo del post è *Quanto guadagna uno scrittore?* Secondo la data del primo commento l'articolo risale al 2009.

9   *Cfr.* Giacomo Papi, *Come è fatto il contratto di un libro*, in *Il Post*, 3 ottobre 2016.

10 Se il venduto è inferiore al numero di copie corrispondente all'anticipo, all'autore comunque rimane l'intera cifra.

un libro non è sinonimo di *farlo conoscere* ad un pubblico, soprattutto se si è concorso ad annullare per l'editore il *rischio d'impresa*. Non bisogna dimenticare che il magazzinaggio dell'opera invenduta ha un costo, e, dunque, l'editore potrebbe decidere semplicemente di destinare l'invenduto al macero. Nel caso estremo, insomma, il risultato per l'autore non sarebbe stato dissimile se invece di rivolgersi ad un editore, si fosse rivolto direttamente ad una tipografia stampando in proprio il libro. Anzi, l'auto-pubblicazione gli avrebbe garantito di più: non solo a parità di costo un maggior numero di copie da destinare alla propria distribuzione, ma anche gli avrebbe garantito di rimanere proprietario dei diritti ceduti invece con la firma del contratto editoriale per un periodo più o meno lungo.

Forse sarebbe tempo di porre un distinguo – una distinzione, certo, che può apparire a prima vista oziosa se non senza senso – tra prodotto editoriale e libro generalmente inteso. Con *prodotto editoriale* qui intendo ovviamente un libro, ma un libro *costruito* per diventare un bestseller. Scriveva qualche tempo fa Luigi Mascheroni[11]: *"Leggere fa male, molto male. È un concetto difficile da accettare, soprattutto in tempi come i nostri di bestsellerismo imperante, di editoria over-size, di mega-store pieni zeppi di «novità», di super festival del libro e della letteratura (dove tutti vogliono vedere, già meno ascoltare, quasi mai leggere)"*. Bestsellerismo, un termine entrato nel vocabolario già negli anni Novanta. È Luca Ricci in un suo articolo[12] a spiegarci, a precisare il significato il termine: *"Il bestsellerismo è un modo di pensare secondo cui l'aspetto estetico è legato al dato di vendita (tradotto: se un libro vende è bello per forza). Il problema non è il libro di successo, ma il tentativo di replicarlo a ogni costo. Così il bestseller non è più una categoria merceologica, bensì un genere letterario, un modello per la scrittura di altri libri"*. Il bestseller, insomma, è, per fare un minimo di analogia, come un oggetto di design, qualcosa di costruito secondo precisi canoni miranti a fare profitto soprattutto nel breve.

Il giornalista e scrittore Renato Di Lorenzo in un suo articolo sul notiziario editoriale online *Gutenberg 2000 News*[13] spiega cosa è un

---

11 Su *Il Giornale.it*, 28 ottobre 2008.
12 Sul *Corriere della Sera*, 13 maggio 2012.
13 Renato Di Lorenzo, *Dagli al bestseller! Considerazioni sulla nascita, promozione e vendita dei bestseller. Quando un libro diventa un successo commerciale.*

bestseller. Per Di Lorenzo i bestseller *"sono beni di consumo come i limoni pieni di pesticidi o i polli pieni di antibiotici"*. Ed *"essendo beni di consumo, i bestseller vengono progettati a tavolino da esperti di marketing, anche se sulla base di una buona idea di un autore, e poi si mettono al lavoro tanti* ghost writers *e infine, quando il prodotto è pronto, ne viene indetta un'asta planetaria per la vendita dei diritti"*. La conseguenza di questa attività, conclude Di Lorenzo, è che *"dato che il progetto, sotto il profilo marketing, è ben fatto, all'altezza dei concept della Coca Cola o della Nike per fare due esempi classici, il costo dei diritti sale a cifre con 5 o 6 zeri"*. Ora, si chiede Di Lorenzo, l'editore che spende una cifra del genere cosa può fare per far tornare i conti? La risposta, ovvia, è vendere, vendere centinaia di miglia di copie, vendere quante più copie possibile. E per farlo, deve puntare tutte le sue risorse di marketing, a cominciare dalla distribuzione, su quel libro: deve farlo passare in televisione in prima serata e in trasmissioni specializzate in propaganda libraria, e farlo recensire sui principali quotidiani e sulle riviste a grande tiratura, fargli avere ampi spazi nelle librerie; deve insomma seguire i canoni di una normale campagna aggressiva di vendita, come un qualunque altro prodotto che viene commercializzato.

Quanto evidenziato nell'articolo di Di Lorenzo ha delle conseguenze. La prima banale riguarda gli autori di libri *normali*. È ovvio che l'operazione di commercializzazione di cui si è accennato ha un costo non trascurabile per l'editore, che la logica commerciale, non essendo egli un filantropo, gli dice di non affrontare per un comune libro che ha una speranza di vendita di qualche centinaia o, ad essere ottimisti, forse un migliaio di copie. Per un tale libro è sufficiente coprire le spese di stampa e di distribuzione e quel poco di pubblicità eventualmente attuato, accontentandosi del ritorno di immagine: di editore *culturale* che promuove nuovi autori[14]. Così come si fa per la poesia che non ha mercato.

---

14 Lo stesso Di Lorenzo, che dice di sé: *"Io sono fortunato perché sono pubblicato"*, ne è un esempio. Nel 2003 ha pubblicato per Mondadori Omnibus il romanzo *L'Assalto*. Ma per quanto riguarda i romanzi successivi fino al 2010, sette sono pubblicati dalla casa editrice Foschi, due da Hobby & Work di Milano, uno da Falzea di Reggio Calabria e uno, nel 2009, da Mursia. Il maggior numero di romanzi sono stati pubblicati dalla casa editrice Foschi di Forlì, che così si autodescrive: *"Foschi Editore nasce nel 2004 per dare voce agli esordienti e promuovere, accanto a una narrativa tradizionale, anche libri che propongono originali commissioni letterarie e nuovi linguaggi. Negli anni poi crescono i progetti e aumentano le collane"*. La casa editrice nella sezione *Scrittori* del portale di soft-

E riguardo a quest'ultima operazione di facciata, si può obiettivamente osservare che case editrici come Einaudi e Mondadori hanno di fatto creato, grazie soprattutto all'indotto delle antologie scolastiche, la fama di molti autori di poesia *con qualche santo in paradiso*, come si dice, spesso non più meritevoli di altri *desaparecidos* che riposano in pace nelle *fosse comuni* degli scaffali nei magazzini delle biblioteche pubbliche di conservazione.

Cosa succedeva prima, quando non vi era protezione alcuna del copyright? Troviamo una risposta, ad esempio, in un paragrafo della voce di *Wikipedia* relativa ad Alessandro Manzoni che tratta del suo romanzo

---

ware, servizi ed informazioni *softwareparadiso.it* è inserita tra quelle che non richiedono un contributo dell'autore per la pubblicazione. La scheda del portale aggiunge l'informazione, per l'autore che volesse contattarli, che *"accettano dattiloscritti via email, insieme a una presentazione dell'autore e dell'opera. Rispondono solo in caso affermativo nel giro di sei mesi"*. Inoltre viene evidenziato che il sito dell'editore, una piccola casa editrice dunque, tra l'altro non più raggiungibile (*"La pagina www.foschieditore.com non funziona"*, questo il responso quando ho provato), contiene *"in bella mostra le copertine di oltre cento libri, spesso romanzi"*. Anche Falzea Editore è una piccola casa editrice che pubblica narrativa, saggistica e didattica e così si rapporta con l'autore che si propone: *"Per gli Autori. Potete spedire i materiali, purché inediti, completi di nome, cognome, indirizzo, numero telefonico, indirizzo mail. Sono considerati editi anche i libri stampati a cura dei siti web di «print on demand». I tempi medi di lettura si aggirano intorno ai 5 mesi. La Casa Editrice si riserva di rispondere solamente se interessata. I manoscritti ricevuti non saranno restituiti, neanche a spese dell'Autore"*. Il portale citato così giudica la Falzea Editore: *"Potrebbe interessare questo editore solo chi non trova nulla di strano nello stampare anche 300 pagine di un manoscritto, fare un bel pacco e andare in un ufficio postale a spedirlo. E a quante case editrici?"*. Riguardo Hobby & Work Publishing, il portale annota soltanto, cosa da me verificata, che *"il sito di questa casa editrice è scomparso dai motori di ricerca"*. Per quanto riguarda infine Mursia, la casa editrice denominata *Ugo Mursia Editore* fu fondata nel 1955. Pubblica narrativa, saggistica, poesie. Così vengono descritti per gli autori i possibili contatti: *"Saggistica, memorialistica storica, manualistica, libri di mare: inviare via email una sinossi di 30 righe e tutti i dati dell'autore (nome, cognome, numero di telefono e email). Se l'argomento verrà ritenuto interessante la segreteria editoriale richiederà in seguito l'opera completa. Narrativa: inviare via email il file di word del romanzo, una sinossi di 20 righe e la biografia dell'autore. Se entro quattro mesi dall'invio non riceverete risposta significa che l'opera è stata rifiutata. In caso contrario sarete chiamati dalla segreteria editoriale. Poesia: Non accettiamo proposte di poesia"*.
Va detto ancora che Renato Di Lorenzo, ingegnere elettronico, non è uno qualunque. Lo dice ad esempio la sua biografia facilmente reperibile in rete ed il fatto che è autore di una serie di manuali di argomento finanziario per il Gruppo Sole 24 Ore che hanno venduto oltre 280.000 copie e sono stati pubblicati con successo anche all'estero.

I promessi sposi. Il successo dell'opera manzoniana – si legge – comportò, in un'epoca in cui non esisteva ancora il diritto d'autore, il proliferare di edizioni abusive. E cosa fece l'autore, secondo l'enciclopedia online, per contrastare le edizioni non ufficiali? Semplicemente, come dice *Wikipedia*, tali edizioni spinsero Manzoni a dotare la propria edizione di alcune attrattive in più: un corredo di illustrazioni, l'utilizzo della carta e dell'inchiostro migliori e l'aggiunta, in allegato, di un romanzo del tutto nuovo, *Storia della colonna infame*. In realtà il tanto celebrato dai critici di regime quanto odiato dagli studenti, Alessandro Manzoni, che a ridimensionarlo nella sua mediocrità di scrittore basta, nel film *Il Portaborse* di Daniele Lucchetti, una battuta tagliente del professore di lettere in un liceo del sud, Luciano Sandulli, impersonato da Silvio Orlando: "Diciamola per una buona volta la verità, mentre lui per cinquant'anni scrive e riscrive *I promessi sposi*, Balzac infila uno dopo l'altro dieci capolavori, Melville scrive l'immenso *Moby Dick* e Dostoevskij scrive *L'idiota*, *Delitto e castigo*, *I fratelli Karamazov*", è da annoverare tra i fautori in ambito politico dell'introduzione del regime protezionistico della cosiddetta *proprietà intellettuale*. La Convenzione del 1840 tra gli Stati Sardi, il Granducato di Toscana e l'Austria, finalizzata ad eliminare le frontiere per far valere il diritto d'autore, ne è la testimonianza: fu firmata per promuovere una causa contro un editore che aveva riprodotto senza autorizzazione *I promessi sposi* del Manzoni[15].

Il Manzoni che in casa e in città parlava milanese e fuori francese – come del resto facevano tutti i fondatori dello stato italiano, Cavour e tutta la corte sabauda, che usavano il francese o il piemontese – aveva la pretesa di far usare a tutti quell'italiano che andava codificando nella sua maniacale scrittura e riscrittura del romanzo. *"Quando un francese cerca di esprimere, com'egli può meglio, le sue idee, vedere un po' quanta abbondanza e varietà di modi egli trova in quella sua lingua..."*, annotava in una lettera e continuava più in là: *"Immaginatevi, invece, un italiano, non toscano, che scriva in una lingua la quale egli non ha quasi mai parlato, e che (se pure egli è nato nel paese privilegiato) scrive in una lingua parlata da un picciol numero d'abitanti d'Italia"*. Arrivando con autocritica a dire di sé: *"Manca intieramente a questo povero*

---

15 *Cfr.* Francesco Galotti, *L'evoluzione del diritto d'autore: copyright, copyleft, free culture*, tesi di laurea in *Teoria e tecnica delle comunicazioni di massa* all'Università di Bologna, relatore il prof. Pier Luigi Capucci, A.A. 2006/2007.

scrittore il sentimento, per così dire, di comunione col suo lettore, la certezza di maneggiare uno strumento egualmente noto ad entrambi". Riconoscendo così il vero problema di un'Italia unita nella sua disunione con la forza e i brogli, l'assenza di una lingua comune a tutti: *"Poiché, in tal caso, che cosa significa la parola italiano? Secondo gli uni, quanto si trova registrato nella Crusca, secondo altri quello ch'è compreso in tutta l'Italia o dalle classi colte..."*[16]. E fu certo la sua proposta, concretatasi nella ossessiva scrittura e riscrittura del romanzo, di una lingua nazionale in uno stato sabaudo che voleva rappresentare a tutti i costi l'unità d'Italia, a fare la fortuna del romanzo e la stessa fortuna politica del Manzoni: nella voce a lui dedicata dall'Enciclopedia Treccani si legge che "in Italia gli veniva riconosciuto un ruolo di riferimento politico e letterario senza precedenti". Il Manzoni insomma divenne per la nascente letteratura dello Stato sabaudo quello che per la televisione italiana, dalla sua nascita ad oggi, rappresenta Pippo Baudo o Bruno Vespa.

Certo Manzoni, un po' come Bruno Vespa per mantenere il paragone, pur prendendo con fermezza posizione, non si immerse nelle lotte politiche del suo tempo. Il suo pensiero cattolico-liberale e il suo ideale monarchico e unitario, comunque, rimasero fermi e ben saldi per tutta la lunga vita, fin dalla sua sottoscrizione, nel 1814, della petizione del senato del Regno italico perché all'Italia fosse riconosciuta l'indipendenza. Fu un sostenitore fedele e fidato dell'unificazione forzata operata dai Savoia: nel 1861 partecipò come senatore alla seduta in cui fu proclamato il Regno d'Italia e nel 1864 il suo ossequio alla Chiesa non gli impedì di votare il trasferimento della capitale a Roma.

Emilio Broglio, esponente della destra storica, nel 1848 segretario del Governo provvisorio di Milano e poi deputato al Parlamento Subalpino, fuggito a Torino dopo il ritorno degli austriaci a Milano, ebbe col Manzoni, fin dal 1851, scambi di idee sulla questione della lingua unica. Eletto nel 1861 deputato divenne nel governo Menabrea ministro della Pubblica Istruzione. In tale qualità, nel gennaio del 1868, nominò una commissione affidandole l'incarico di formulare proposte utili a diffondere nel popolo l'uso della *buona lingua* e della *buona pronuncia*. Fece presidente di tale commissione – non poteva essere diversamente – il Manzoni. La commissione fu composta di due sezioni, una milanese, di cui

---

16 Nella lettera del 3 novembre del 1821 indirizzata a Fauriel.

facevano parte oltre al Manzoni Ruggero Bonghi e Giulio Carcano, ed una fiorentina composta da Raffaello Lambruschini, Niccolò Tommaseo, Giuseppe Bertoldi, Achille Mauri e Gino Capponi.

Manzoni sin da giovane, nelle sue prime sperimentazioni poetiche, era stato ossessionato, quasi un segno della sua mediocrità di poeta, dalla frattura esistente in Italia tra lingua parlata e lingua letteraria. Per i suoi primi testi, così come per gli *Inni sacri* e le tragedie, si era valso della lingua offerta dalla tradizione letteraria. La questione della lingua gli si pose come problema centrale, pesantissimo ed ineludibile, quando cominciò a cimentarsi con la prosa del suo romanzo. Evidentemente, come desiderio "inconfessato" di ogni scrittore, voleva essere letto da un pubblico possibilmente il più ampio, da tutta quella nazione italiana che desiderava vedere realizzarsi, non solo da *"un picciol numero d'abitanti d'Italia"* che il "parla come mangi" forse gli avrebbe permesso. La prima idea subito scartata fu quella di una lingua derivata dall'incontro tra i vari dialetti italiani, in particolare tra la sua lingua abituale, il milanese, e il toscano; ma rapidamente formulò e sposò il *dogma* che la lingua comune dovesse essere basata sull'uso della lingua di una determinata regione, e questa non poteva che essere la Toscana. Ma come altrove, anche in Toscana vi erano discrepanze tra le varie parlate locali e, dunque, il Manzoni finì apoditticamente e a suo arbitrio col sostenere la necessità di adottare come lingua comune il fiorentino parlato, quello epurato delle persone colte. La tesi fu esposta pubblicamente in una lettera del 1847 indirizzata a Giacinto Carena, cultore di scienze fisiche ma legato alla questione della lingua comune: dopo il suo *Osservazioni intorno ai vocabolari della lingua italiana*, pubblicato a Torino nel 1831, nel 1837 si era recato in Toscana e nel 1845 aveva pubblicato, sempre a Torino, la prima parte del suo *Prontuario di vocaboli attenenti a parecchie arti, ad alcuni mestieri, a cose domestiche, e altre di uso comune; per saggio di un vocabolario metodico della lingua italiana*, testo che indusse il Manzoni a scrivergli.

Tornando alla commissione nominata dal Broglio, il Manzoni non ebbe difficoltà a persuadere la sezione milanese a sostenere la sua tesi: già nel 1855, del resto, aveva incontrato il Bonghi a Stresa e lo aveva convinto che il fiorentino dovesse essere il modello dell'italiano, e quanto al Carcano, questi, come scrittore, aveva il Manzoni come modello letterario di riferimento. Manzoni stese in pochi giorni la sua proposta:

approvata e inviata al Broglio, la relazione fu pubblicata sulla *"Nuova Antologia"* e sulla *"Perseveranza"* col titolo *Dell'unità della lingua e dei mezzi di diffonderla*. La sezione fiorentina pubblicò essa pure la propria relazione, ma la sua conclusione era diversa da quella del Manzoni, arrivando addirittura a contrapporvisi: in essa si evidenziava come non fosse sufficiente l'uso vivo del fiorentino colto contemporaneo a formare la buona lingua italiana, ma fosse necessario pure il ricorso ai buoni scrittori. Il contrasto con la sezione fiorentina portò il Manzoni a dimettersi e a scrivere una replica in forma di *Appendice* alla propria relazione: trovandosi contrastato ed in minoranza, vivendo la cosa come una sconfitta, il Manzoni non seppe far altro, insomma, che *"portare via il pallone"*. In conseguenza delle dimissioni, la commissione fu sciolta dal Broglio. Tuttavia, come già le cose cominciarono ad andare nei primi anni dell'Italia unita, invece di essere accantonata, la proposta manzoniana di promuovere la lingua parlata dalla borghesia fiorentina a lingua unitaria divenne subito operativa. Il ministro Broglio costituì una giunta cui fu affidato il compito di avviare la compilazione del *Novo vocabolario della lingua italiana secondo l'uso di Firenze*, che fu pubblicato tra il 1870 e il 1897. Della giunta facevano parte lo stesso Broglio, il genero del Manzoni, Giovan Battista Giorgini, il filologo Pietro Fanfani, funzionario del Ministero della Pubblica Istruzione ed altri lessicografi. La diffusione della lingua unitaria fu favorita da un insegnamento scolastico mirato a valorizzarla a scapito delle parlate locali. *I promessi sposi* non potevano, dunque, non svolgere, nel quadro dei programmi didattici del sistema scolastico, un ruolo fondamentale che contribuì ad ingigantire smisuratamente il lavoro letterario del Manzoni a scapito di altri autori, anche più validi. La soluzione manzoniana della questione della lingua e la strumentalizzazione dell'apparato scolastico per favorirla fu criticata invano da molti linguisti, come Graziadio Isaia Ascoli, studioso di ben altro spessore.

In un tale quadro, dunque, appare ben curioso l'intervento *ad personam* di protezione del diritto d'autore relativamente al romanzo del Manzoni, ricordato in precedenza. In fin dei conti la realizzazione di edizioni non autorizzate altro non faceva che favorire la diffusione e lo sviluppo della nuova lingua unitaria codificata nel romanzo. Ma se si inquadra la vicenda con l'ottica commerciale dell'oggi, non si può non riconoscere nel libro del Manzoni un antesignano del moderno prodotto editoriale che denominiamo *bestseller*: ne ha tutte le caratteristiche, *mutatis mutandis*, dall'editing estremo, mirato a creare un oggetto di successo, al supporto politico mediatico al marketing per renderlo un oggetto indispensabile in ogni famiglia, soprattutto se la scuola ci mette lo zampino dichiarandolo sussidio didattico indispensabile negli studi dei figli. Dopo l'unificazione d'Italia nel 1861, fu emanata la prima legge unitaria sul diritto d'autore, inserita successivamente in un Testo Unico (legge n. 1012 del 1882), rimasto in vigore fino al decreto-legge n. 1950 del 1925 e il suo regolamento di attuazione (n. 1369 del 1926), normativa quest'ultima rimasta in vigore fino al 1942, quando fu emanato un più organico Testo Unico (legge 22 aprile 1941, n. 633).

È stato detto che non si sarebbe affrontata la questione dal punto di vista giuridico e, dunque, non si proverà nemmeno a rispondere se possa essere e in che misura giusta una legge caldeggiata, oltretutto sulla base di presupposti che non si fatica a riconoscere pretestuosi, da una o più lobby che si comprano giornalisti e politici – cioè opinione pubblica e potere legislativo – quantomeno pubblicando libri con il loro nome apposto sulla copertina. Si lascerà al lettore l'espressione di un giudizio in merito, anche perché si ritiene, e si proverà nel seguito a farne intendere la ragione, tutta la costruzione giuridica *sic et simpliciter* un nonsenso. La disciplina, dicono i giuristi, mira sostanzialmente a due cose: tutelare il cosiddetto diritto morale dell'autore ed il diritto di utilizzazione economica dell'opera. Del secondo, in precedenza, si è accennato indirettamente in maniera più che sufficiente ai paradossi con cui esso finisce col collidere. Aggiungiamo, dunque, ora brevemente solo qualche osservazione sul primo, il cui scopo sarebbe la tutela della personalità dell'autore e dell'attività in cui si materializza la sua creatività, tutela che si specifica in una serie di facoltà: diritto d'inedito, diritto alla paternità dell'opera, diritto all'integrità dell'opera, diritto di ritirare l'opera dal commercio. È evidente, dalla definizione di alcune di tali facoltà, che il tutto parte dal presupposto che prima della sua *creazione* l'opera non esista già in alcuna sua possibile forma. Non si prenda questa affermazione come bizzarra. Il termine usato, e abusato, per fondare il diritto personale dell'autore è "creatività": se non vi fosse "creazione" tutto il castello giuridico necessariamente crollerebbe a rigor di logica – non di prassi umana purtroppo, troppe volte, come la storia insegna.

Ma vediamoli alcuni degli aspetti del cosiddetto diritto morale dell'autore. Ad esempio il diritto alla paternità dell'opera garantisce che egli ha il diritto di rivendicare di esserne pubblicamente indicato e riconosciuto come l'artefice e, all'inverso, il diritto di rivendicare che non gli venga attribuita un'opera non sua o diversa da quella da lui creata. Insomma, il diritto a difendersi dal plagio ottenendo per via giudiziale la distruzione dell'opera dell'usurpatore ed il risarcimento dei danni, nonché ad opporsi a qualsiasi modifica o ad ogni atto che possa pregiudicare il suo onore o la sua reputazione. Sempre il diritto alla paternità, come corollario, garantirebbe anche la collettività ovvero l'interesse pubblico, da ogni forma d'inganno o di confusione nella attribuzione della paternità intellettuale. In buona sostanza il diritto morale, come detto, mira a garantire la personalità dell'autore, in particolare fornendogli la facoltà di intervenire a tutelare la sua opera da modifiche che costituiscano un concreto pregiudizio verso la sua figura fino alla possibilità di pretendere il ritiro dell'opera dal commercio, una tutela che, affidata agli eredi, si estende anche dopo la sua morte.

Tutto questo suona bene, ma nella prassi serve solo a dar fondamento giuridico, nella logica dell'*homo oeconomicus*, ad una tutela di sproporzionata durata nel tempo in favore di grandi gruppi, mirante a garantir loro i profitti dei prodotti editoriali di successo. Tutto questo suonerebbe bene, poi, se nella realtà vera si trattasse veramente di una creazione e non banalmente – l'opera di un autore parlando di libri – la scoperta di una sequenza di caratteri valutata intrigante da un punto di vista letterario.

Mettiamola così. Supponiamo di scrivere un numero, sufficientemente grande alla bisogna, magari adattandolo alla pagina del libro, quasi fosse una poesia o un'opera d'arte visuale. Ad esempio, il numero sia questo (ma la scelta è, come si sa, infinita):

69464963905418308484258396204934169794791393756907729
85382833823600549969622631663065100307902531923053001
88758118274410090105372193693657304149709994984833929
18838260831735514364709216190662170098956846285400616
13800996509163332030531591556586605052954170169136904
32468221766780195422620289641631488230350887756032679
80700187724597044988912671386316213033544373365156391
77424038424366

Domandatevi ora con me: *potrei reclamare il diritto d'autore su questo numero?* Impedire a chiunque altro di scriverlo, copiarlo senza il mio permesso? Se lo facessi sarei di certo considerato una persona quantomeno bizzarra e senza ombra di dubbio affogherei nell'ilarità generale. Pretendere il riconoscimento del copyright, del diritto d'autore su di un numero: niente di più assurdo! Siete tutti d'accordo, no? Anche se Cesare Zavattini, in un suo libro[17], fa sognare che esprimere un numero sia un'opera creativa: ricordate quel passo in cui si racconta della *Gara Mondiale di Matematica* del milleottocentosettanta all'Accademia di Gottinga, consistente nel dire il numero più grande. Se del numero sopra rappresentato ne facessi una litografia, o lo dipingessi su una tela, forse sì la cosa rientrerebbe nella normativa del diritto d'autore. Ma attenzione, la protezione dalla copia riguarderebbe l'opera fisica in sé, la litografia o il quadro, non il numero in essa rappresentato, che rimarrebbe, come si dice, di *pubblico dominio*. E ci mancherebbe! Così come del resto, se qual-

---

17 *Cfr.* Cesare Zavattini, *I tre libri*, in *Parliamo tanto di me*, cap. XVI, edito da Bompiani nel 1955.

che attribuzione di diritto letterario può adesso – dopo la sua scrittura nel libro – su quel numero consistere, essa è relativa al contesto del libro nel suo complesso, nella sua fisicità commerciale per essere, secondo buon senso, precisi, non nel numero in sé che come ogni parola qui usata non può essere oggetto di pretesa autoriale.

Come si sa, un numero può essere rappresentato in basi diverse. Quello sopra riportato è rappresentato nel consueto sistema numerico decimale della nostra quotidianità. Ma questa è l'epoca del digitale, dei computer; e, come si sa, l'elettronica dei computer è fondata su zeri e uni, sulla rappresentazione dei numeri nel sistema numerico binario. Ciò che ora vogliamo, insomma, è trasformare il nostro numero nel sistema binario. Esistono strumenti di calcolo, calcolatrici, che permettono di trasformare la rappresentazione di un numero da decimale a binario e viceversa, ma la dimensione del nostro numero supera la loro possibilità, anche di quella fornita a corredo del sistema operativo del nostro computer (l'applicazione *Calcolatrice*). A scuola, però, ci è stato descritto un modo semplice per operare la trasformazione di un numero decimale, ad esempio 2567, nell'equivalente binario:

```
2567 | 1
1283 | 1
 641 | 1
 320 | 0
 160 | 0
  80 | 0
  40 | 0
  20 | 0
  10 | 0
   5 | 1
   2 | 0
   1
```

Il numero decimale 2567 rappresentato in base due è dunque:

101000000111

Non occorrono spiegazioni sull'algoritmo: si tratta di dividere il numero per 2, poi il quoziente intero e così via annotando ad ogni divisione il resto. Naturalmente possiamo operare sul nostro numero *a mano*, impiegando un certo tempo e rischiando magari di commettere qualche errore, oppure affidare al computer il compito della trasformazione. Per farlo dobbiamo scrivere un semplice programmino in uno dei linguaggi disponibili. Qui userò il linguaggio PHP, un linguaggio di *scripting* interpretato, derivato dal linguaggio C, pensato per la programmazione di pagine web dinamiche (PHP originariamente era acronimo di *"Personal Home Page"*; oggi sta per *"PHP: Hypertext Preprocessor"*, preprocessore di ipertesti).

```php
<?php
//Conversione decimale-binaria

$d = 'numero decimale da convertire';

$b = '';
while (strlen($d)) {
    $r = 0;
    $q = '';
    for ($i = 0; $i < strlen($d); $i++)
    {
            $q = $q . floor(($d[$i] + $r * 10) / 2);
            $r = ($d[$i] + $r * 10) % 2;
    }
    $b = $r . $b;
    if ($d == '0') break;
    $d = ltrim($q, '0');
}

echo $b;
?>
```

Ovviamente il numero che si vuole convertire va scritto al posto delle parole *numero decimale da convertire*. Il proprio sito web, se ospitato su un server dotato di un interprete php a disposizione dell'utente, si presta per utilizzare l'algoritmo di conversione nel modo più banale possibile: basta copiare esattamente il testo con un qualunque editor e salvarlo in un file con estensione *.php*; quindi, come una normale pagina, fare l'upload del file nel proprio sito e, sempre come una normale pagina web, aprirlo nel browser. Immediatamente il numero comparirà convertito in base 2.

Il numero che ho scritto sopra, espresso nel sistema binario di numerazione è:

```
1010101011011100010000001100010011101010110001001100010011000
1001101111011011000110100101101111001000000110110001100111
0111101101110011101000110000101101110011011111001011110010110
0010111000101110000010100101001001101111011011001101110
0110110010101100111011001110110100101100001001000001
1011000010011101101111011100100110100101011101001101
0011011110110110110011101000011001010010110000001010011000
001101101111011101101011001010010100000011000010110011000
11001100110111110110001101100001011101000110111100101011
0000100000011000010010000001101101011000010111001001001
00101001110110000010100110111001100101011100100110111111
00100000011001000110100100100000011100000110010101100
0110110010100101100001000000110000100100000011011010101
101111011011100111010001100101001011000000101001110010
1011101000111001001100001011000110110001101101001001000
000011001000110100100100000011011100111010101011000100
11010010010000001100011011010000110100101100001011100
10011001010011101000001010011101000111001001100001001
00000110100101101100010000001101110011001010101110010
0110111100100000011101010110111000100000011000110110100
00101110011011011110110110001100001011100100110010100
11101000000101001110101011011110001001110110000010110110
0011000010010000001100100011010010010000001100111011110
0001011000100110001001101001011000010110111001101111
0101110
```

Anche in questa rappresentazione il nostro numero è semplicemente un numero, e quindi siamo sicuri che nessuno accarezzerebbe la balzana idea di negare le considerazioni svolte all'inizio del capitolo e che non sia stravagante ogni accenno ad un possibile *diritto d'autore* su di esso.

Scriviamo ora la stessa rappresentazione binaria suddividendo le cifre in ottetti a partire dall'ultima e risalendo fino alla prima. Poiché il numero nella sua rappresentazione binaria conta 1279 cifre, aggiungiamo uno zero davanti alla cifra più significativa del numero, operazione che non ne muta il valore: otterremo i seguenti 160 ottetti:

01010101 01101110 00100000 01100010 01110101 01100010
01100010 01101111 01101100 01101001 01101111 00100000
01101100 01101111 01101110 01110100 01100001 01101110
01101111 00101110 00101110 00101110 00001010 01010010
01101111 01110011 01110011 01100101 01100111 01100111
01101001 01100001 00100000 01101100 00100111 01101111
01110010 01101001 01111010 01111010 01101111 01101110
01110100 01100101 00101100 00001010 01100011 01101111
01101101 01100101 00100000 01100001 01100110 01100110
01101111 01100011 01100001 01110100 01101111 00101100
00100000 01100001 00100000 01101101 01100001 01110010
01100101 00111011 00001010 01101110 01100101 01110010
01101111 00100000 01100100 01101001 00100000 01110000
01100101 01100011 01100101 00101100 00100000 01100001
00100000 01101101 01101111 01101110 01110100 01100101
00101100 00001010 01110011 01110100 01110010 01100001
01100011 01100011 01101001 00100000 01100100 01101001
00100000 01101110 01110101 01100010 01101001 00100000
01100011 01101000 01101001 01100001 01110010 01100101
00111010 00001010 01110100 01110010 01100001 00100000
01101001 01101100 00100000 01101110 01100101 01110010
01101111 00100000 01110101 01101110 00100000 01100011
01100001 01110011 01101111 01101100 01100001 01110010
01100101 00111010 00001010 01110101 01101110 00100111
01100001 01101100 01100001 00100000 01100100 01101001
00100000 01100111 01100001 01100010 01100010 01101001
01100001 01101110 01101111 00101110

Ciascun ottetto di cifre binarie, considerato isolato dal contesto, rappresenta a sua volta un numero naturale compreso, estremi inclusi, tra 0 (00000000) e 255 (11111111). Ciò che faremo ora sarà di convertire la rappresentazione di ciascun ottetto da binaria a decimale. Faremo questo semplicemente perché dall'infanzia siamo abituati a ragionare sui numeri così come li rappresentiamo nel nostro quotidiano, cioè usando la base decimale. Ad esempio, i primi sei ottetti rappresentano i numeri 85, 110, 32, 98, 117, 98. Convertendoli tutti e mantenendoli separati da uno spazio, abbiamo:

85 110 32 98 117 98 98 111 108 105 111 32 108 111 110 116
97 110 111 46 46 46 10 82 111 115 115 101 103 103 105 97
32 108 39 111 114 105 122 122 111 110 116 101 44 10 99 111
109 101 32 97 102 102 111 99 97 116 111 111 44 32 97 32 109 97
114 101 59 10 110 101 114 111 32 100 105 32 112 101 99 101 101 101 101
44 32 97 32 109 111 110 116 101 44 10 115 116 114 97 99 99
105 32 100 105 32 110 110 117 98 105 32 99 104 105 97 114 101 101 101
58 10 116 114 97 32 105 108 32 110 100 114 111 32 117 110 17 110
32 99 97 115 111 108 97 114 101 58 10 117 110 39 97 108 97 97 97 97
32 100 105 32 103 97 98 98 105 97 110 111 111 46

Osserviamo di passaggio che, se togliessimo gli spazi, otterremmo
un numero:

85110329811798981111081051113210811111011697110111464
64610821111151151011031031059732108391111141051221221
111101161014410991111091013329710210211199971161114432
97321099711410159101101011411132100105321121019910 14
43297321091111101161014410115116114979999105321001053
21101117981053299104105971141015810116114973210510 8321
101011141113211711032999711511111089711410158101171103
997108973210010532103979898105971110111146

un numero che, stante la sua rappresentazione decimale, è del tutto differente dal numero da cui siamo partiti nelle nostre considerazioni in
questo capitolo. E nessuno, credo, a prima vista sarebbe in grado di trovare tra i due numeri una qualche relazione. Come per il numero da cui
siamo partiti, ovviamente anche per questo si possono ripetere le stesse
considerazioni fatte in precedenza: è nient'altro che un numero, no?

Riprendiamo, dunque, in considerazione la sequenza di numeri naturali che rappresenta nel sistema decimale gli ottetti binari. Ed osservia-
mola attentamente. Scopriremo che in essa compaiono il numero 10 e il
numero 32 con qualche frequenza, e che, fatta eccezione per pochissimi
altri numeri, la maggioranza dei restanti è maggiore di 64 e minore di
128, cioè essi sono compresi nell'intervallo aperto che ha per estremi le

24

due potenze di 2 consecutive 2^6 e 2^7. Anche sulla base di queste minime osservazioni, al lettore che mastica un po' di nozioni d'informatica, si sarà accesa, come nei fumetti, una lampadina: *gli ottetti sono codici*. E poi, magari: *codici ASCII!*

Per far comprendere al profano di cosa si stia a questo punto parlando, ASCII è un acronimo che sta per *American Standard Code for Information Interchange*. Il codice ASCII fu ideato nel 1961 col fondamentale contributo dell'ingegnere americano Robert (Bob) Bemer. Proposto all'ANSI (American National Standards Institute) nel 1963, fu adottato nel 1968. L'utilità del codice sta nel fatto che esso fornisce una rappresentazione numerica standard a 7 bit di un carattere. Seppure ormai universalmente il più utilizzato, il codice ASCII non è l'unico codice ideato per rappresentare numericamente un carattere. Ad esempio, un altro codice notissimo è l'EBCDIC, ideato dall'IBM nel 1963 – 1964 per la propria linea di mainframe Sistema /360: una codifica a 8 bit che estendeva il sistema BCD a 6 bit allora in uso, sviluppata indipendentemente rispetto alla codifica ASCII.

I codici ASCII, così come quelli EBCDIC non codificano soltanto caratteri, ma anche *azioni*. I primi 32 codici, i cosiddetti *codici di controllo*, rispecchiano la realtà operativa di allora, quando le telescriventi erano periferiche utilizzatissime nei centri di elaborazione dati. Uno di questi codici, LF o Line Feed, *avanzamento di una interlinea*, è usato nei sistemi operativi basati sulla codifica ASCII come carattere di fine linea (EOL, *end-of-line*) o, ciò che è lo stesso, di nuova linea (*newline*) o a capo (*line break*), da solo (come nei sistemi Unix o Unix-like) o assieme al carattere CR (*carriage return*), che è rappresentato in decimale dal numero 13. La coppia CR+LF era usata, ad esempio, nel sistema operativo MSDOS ed è usata nell'attuale sistema operativo della Microsoft *Windows* e in numerosi altri sistemi. Per completezza dirò che altri sistemi operativi, come quelli degli elaboratori Commodore o della famiglia Apple e il Mac OS usano invece il solo carattere CR.

Prima di proseguire volevo precisare che la scelta di interpretare gli ottetti, risultanti dalla rappresentazione binaria del numero decimale da cui siamo partiti all'inizio di questo capitolo, in byte di codifica ASCII è del tutto arbitraria. Potevo scegliere un altro numero ad hoc da cui far partire tutto il discorso ed un altro codice, ma le conclusioni cui arriverò non sarebbero mutate.

Il codice LF ha valore decimale 10 ed è espresso nella codifica ASCII a otto bit dal byte binario 00001010. Se torniamo alla sequenza decimale degli ottetti in cui abbiamo diviso la rappresentazione binaria del numero da cui siamo partiti, osserveremo che il valore 10 compare più volte, sei volte per la precisione. Se interpretiamo quel numero 10 come codice LF, potremmo dividere la sequenza in sette parti, come se ciascuna di esse fosse da scrivere su una diversa riga:

85 110 32 98 117 98 98 111 108 105 111 32 108 111 110 116 97 110 111 46 46 46

82 111 115 115 101 103 103 105 97 32 108 39 111 114 105 122 122 111 110 116 101 44

99 111 109 101 32 97 102 102 111 99 97 116 111 44 32 97 32 109 97 114 101 59

110 101 114 111 32 100 105 32 112 101 99 101 44 32 97 32 109 111 110 116 101 44

115 116 114 97 99 99 105 32 100 105 32 110 117 98 105 32 99 104 105 97 114 101 58

116 114 97 32 105 108 32 110 101 114 111 32 117 110 32 99 97 115 111 108 97 114 101 58

117 110 39 97 108 97 32 100 105 32 103 97 98 98 105 97 110 111 46

Ovviamente, come si sarà notato, dalla sequenza di numeri sono stati tolti i 10, corrispondenti all'azione dell'aver posizionato su una nuova riga i numeri successivi. Il numero più piccolo ora che compare nella sequenza è 32. Se andiamo a vedere cosa corrisponda ad esso nella codifica ASCII, troviamo il carattere SPACE, che indica l'inserimento di uno spazio vuoto. E gli altri numeri della sequenza? Vediamo innanzitutto come la codifica ASCII converte numericamente le lettere dell'alfabeto ovviamente inglese.

26

Lettere maiuscole:

A	B	C	D	E	F	G	H	I	J	K	L	M
65	66	67	68	69	70	71	72	73	74	75	76	77

N	O	P	Q	R	S	T	U	V	W	X	Y	Z
78	79	80	81	82	83	84	85	86	87	88	89	90

Lettere minuscole:

a	b	c	d	e	f	g	h	i	j	k	l	m
97	98	99	100	101	102	103	104	105	106	107	108	109

n	o	p	q	r	s	t	u	v	w	x	y	z
110	111	112	113	114	115	116	117	118	119	120	121	122

Bene. Non resta ora che vedere a cosa corrispondano i codici presenti nella sequenza numerica che sono inferiori a 65. Troviamo:

'	,	.	:	;
39	44	46	58	59

Consideriamo ora la prima delle sette linee in cui abbiamo suddiviso la sequenza e scriviamo al posto dei numeri i caratteri corrispondenti. Troviamo:

Un bubbolio lontano...

Decisamente qualcosa che ha senso. Proviamo la seconda linea:

Rosseggia l'orizzonte,

Passiamo alla terza riga:

come affocato, a mare;

La quarta riga:

nero di pece, a monte,

La quinta riga:

stracci di nubi chiare:

La sesta riga:

tra il nero un casolare:

L'ultima riga:

un'ala di gabbiano.

Se scriviamo di seguito le sette righe otteniamo:

> Un bubbolio lontano...
> Rosseggia l'orizzonte,
> come affocato, a mare;
> nero di pece, a monte,
> stracci di nubi chiare:
> tra il nero un casolare:
> un'ala di gabbiano.

Sembrano, sono dei versi, no? Quel numero decimale da cui siamo partiti o, parimenti, quel secondo numero decimale che di passaggio avevo fatto notare, sanno trasformarsi in poesia. Qualcosa che suona familiare. Già, se si va a sfogliare il libro di Giovanni Pascoli, *Myricae*, pubblicato da Arnoldo Mondadori Editore nel 1935, si troverà anche il suo titolo con cui è nota: *Temporale*. Ad essere pignoli, c'è una piccola differenza tra il testo costruito partendo dal nostro numero e quello riportato in una delle edizioni Mondadori, ad esempio la mia copia della sesta edizione del libro della collana Biblioteca Moderna Mondadori: la parola *bubbolio* è scritta *bubbolío* e vi è una riga vuota tra il primo ed il secondo verso.

Ha questo qualche conseguenza su quanto detto sinora? Praticamente nessuna oltre al fatto che nella codificazione dovremmo usare, per rappresentare la lettera *í*, una estensione della codifica ASCII, ad esempio la codifica ISO/IEC 8859-1: se partendo dal testo pubblicato si facesse il percorso inverso a quello qui descritto si troverebbe ora un numero naturale differente, di 388 cifre invece delle 385 del numero di partenza. È precisamente il numero:

17783030759787086971975923817733640992793871877552527
05380363140981543201338756775639550597353758443015301
21300160992975227015874778436910539086059010932359341
24756670649524686098946454171840150545132490401408293
58433937404554039594180795313144407337659176740860600
05876456899083098117117418890275478441441639863334721
53655128111900237139323636452441053785124142653571529
99176242595786542

Qualcuno, a questo punto, obietterà che comunque il testo originale del Pascoli c'entri qualcosa, a priori, cioè che io sia partito da quello per ottenere il numero decimale con cui ho aperto questo capitolo, e che, dunque, il ruolo autoriale del Pascoli sia fondamentale. La risposta, che senza esitazione alcuna può essere data all'obiezione, è un semplice *non necessariamente*. E nel prossimo capitolo cercherò di far capire il perché.

Qui, invece, facciamo mente locale su quanto abbiamo finora osservato. In buona sostanza abbiamo scoperto che ognuno degli infiniti numeri naturali è un testo: un testo che, a seconda della grandezza del numero, può essere costituito da un solo carattere come da migliaia, milioni o miliardi di caratteri. Abbiamo visto che la nostra interpretazione, ciò che abbiamo indicato come *codifica*, svolge un ruolo importante per determinare quale testo esso sia; e, dunque, poiché possiamo immaginare numerose differenti codifiche, un numero naturale è contemporaneamente la rappresentazione numerica di più testi diversi. Per inciso, e già questo la dice lunga, è ovvio che un numero, anche considerato *testo*, non può essere oggetto di pretese di copyright. La pretesa sarebbe un assurdo: se fosse tale, in codifiche diverse, da rappresentare testi noti di autori diversi, chi sarebbe il beneficiario dei diritti? Ma c'è di più: chiunque, realizzando un'opportuna codifica ad hoc, potrebbe far corrispondere quel numero ad un proprio testo, con l'ovvia conseguenza di annullare ogni altra pretesa.

Per far meglio comprendere ciò che vado dicendo, farò uso di qualche esempio riguardante singole parole, gruppi di parole o singole frasi. E per semplificare al massimo, userò una codifica banale che elimini fatti accessori che potrebbero fuorviare l'attenzione, riferita alle sole lettere dell'alfabeto inglese (trascureremo le cifre e segni aritmetici) e a pochi altri segni usati nella scrittura. Poiché le lettere dell'alfabeto inglese sono 26, l'insieme di caratteri maiuscoli e minuscoli consta di 52 elementi. Poiché $2^5 < 52 < 2^6$, la codifica che costruiremo sarà a 6 bit, cioè ad ogni carattere corrisponderanno 6 cifre binarie. Con 6 bit abbiamo la possibilità di 64 codici diversi: 52 saranno usati per le lettere maiuscole e minuscole dell'alfabeto, uno sarà usato per il carattere SP, space, spazio vuoto e useremo i rimanenti undici per codificare l'apostrofo, che useremo anche come accento nelle parole accentate, e altri segni d'interpunzione.

0	1	2	3	4	5	6	7	8	8	10	11	12	13	14	15
SP	A	B	C	D	E	F	G	H	I	J	K	L	M	N	O

16	17	18	19	20	21	22	23	24	25	26	27	28	29	30	31
P	Q	R	S	T	U	V	W	X	Y	Z	'	,	.	;	:

32	33	34	35	36	37	38	39	40	41	42	43	44	45	46	47
-	a	b	c	d	e	f	g	h	i	j	k	l	m	n	o

48	49	50	51	52	53	54	55	56	57	58	59	60	61	62	63
p	q	r	s	t	u	v	w	x	y	z	!	?	"	/	LF

Per capire come useremo lo strumento appena costruito, cominciamo con lo scrivere un numero a caso di 5 cifre, ad esempio 12345. Lo trasformiamo in numero binario: 11000000111001. Partendo da destra suddividiamo le sue cifre in gruppi di 6 bit, eventualmente aggiungendo degli zeri davanti alla cifra più significativa se il numero di cifre binarie non è multiplo di 6; otteniamo:

$$000011 \quad 000000 \quad 111001$$

cioè, facendo corrispondere ad ogni sestetto il suo valore decimale, la sequenza decimale 3 0 57. Se consultiamo la nostra tabella di codifica abbiamo i caratteri C SP y, ovvero il testo *C y*.

Se avessimo scelto il numero 67890, in binario 10000100100110010, che suddiviso in gruppi di 6 bit è 010000 100100 110010, cioè la sequenza decimale 16 36 50 corrispondente alla stringa di tre caratteri *Pdr*.

Il numero più piccolo di 5 cifre è 10000, quello più grande 99999. Vediamo a quale testo corrispondono nella nostra codifica. Il numero 10000 è rappresentato nel sistema binario da 10011100010000, procedendo come sopra indicato da esso otteniamo la stringa di tre caratteri *B,P*, il numero 99999, in binario 11000011010011111, fornisce *XZ:*. Possiamo, dunque, concludere che per la nostra codifica tutte le stringhe di tre caratteri, che, stante l'ordine la codifica stessa stabilisce, sono comprese tra *B,P* e *XZ:* altro non sono che un numero naturale espresso nel sistema decimale con 5 cifre. Ad esempio, il numero 62357 è l'acronimo *ONU*, il numero 67704 è la parola latina *Pax*. Potete divertirvi a scoprire banalmente, con la calcolatrice fornita dal sistema operativo MS *Windows* in modalità *programmatore*, quale stringa di caratteri nella codifica che abbiamo costruito sia *mascherata* in un numero qualunque, purché minore di 9223372036854775807. Per numeri più grandi bisogna costruire un programmino ad hoc. Cosa che qui faremo usando sempre come linguaggio il PHP.

```php
<?php
//Conversione di un numero in stringa di caratteri
//secondo la codifica a 6 bit

$d = ' numero decimale da convertire' ;

$codifica = array(' ', 'A', 'B', 'C', 'D', 'E',
'F', 'G', 'H', 'I', 'J', 'K', 'L', 'M', 'N', 'O',
'P', 'Q', 'R', 'S', 'T', 'U', 'V', 'W', 'X', 'Y',
'Z', '\'', ',', '.', ';', ':', '-', 'a', 'b', 'c',
'd', 'e', 'f', 'g', 'h', 'i', 'j', 'k', 'l', 'm',
'n', 'o', 'p', 'q', 'r', 's', 't', 'u', 'v', 'w',
'x', 'y', 'z', '!', '?', '"', '/', "\n");

$b = '';
while (strlen($d)) {
        $r = 0;
        $q = '';
        for ($i = 0; $i < strlen($d); $i++)
```

```
        {
            $q = $q . floor(($d[$i] + $r * 10) / 2);
            $r = ($d[$i] + $r * 10) % 2;
        }
        $b = $r . $b;
        if ($d == '0') break;
        $d = ltrim($q, '0');
    }

    while (strlen($b) % 6) $b = '0' . $b;

    $s = '';
    for ($i = 0; $i < strlen($b); $i+=6)
        $s .= $codifica[bindec(substr($b, $i, 6))];

    echo nl2br($s);
    ?>
```

Possiamo ora divertirci a scoprire quale testo sia un determinato numero naturale nella codifica costruita. Molti numeri, naturalmente, rappresentano stringhe di caratteri che nella nostra lingua non hanno senso (cosa che però, teniamolo ben presente, non esclude qualche piacevole scoperta usando una codifica diversa), ma molti invece danno parole e frasi di senso compiuto. Così, ad esempio, usando il programmino sul numero 925134416813940596144440, troviamo il nome dell'autore di questo opuscolo: **Sergio Fumich**. Niente di più autoreferenziale, ovviamente. Vediamo qualche altro esempio.

Il numero 1785427469338583133656703552295733607663 maschera una frase, "M'intossico d'incenso", che suona come parodia di un'altra ben nota al lettore e celebratissima, perché, poeticamente parlando, è il settenario spezzato che costituisce la notissima poesia di Giuseppe Ungaretti, *Mattina*, pubblicata in *Allegria di naufragi*, ovvero il numero naturale 278972873838504920044305458394492143, che, usando la codifica, scopriamo essere quel "M'illumino d'immenso" fissato sulla carta dal poeta il 26 gennaio del 1917, a Santa Maria la Longa, in provincia di Udine. In verità, ad essere pignoli, la poesia di Ungaretti è un altro numero: 278972873838504921179212564491857135, cioè:

M'illumino
d'immenso

32

L'*haiku* è una poesia di tre versi, diciassette sillabe suddivise secondo lo schema 5-7-5. Se consideriamo che possiamo avere sillabe composte da un solo carattere fino a cinque caratteri, una composizione risulta costituita, considerando gli spazi che separano le parole e i due *a capo*, in media da un numero di caratteri compreso tra poco meno di cinquanta e i sessanta caratteri. Una stringa costituita da 60 caratteri z è il numero

2162150314299719479644283724028278533139517267248929404778140894426478150105512535252294315973279123426225850

Non è un numero, in termini di cifre, notevolmente lungo, 109 cifre. Possiamo immaginare che nell'intervallo di numeri naturali che ha quel numero come estremo superiore siano contenuti una grandissima parte degli *haiku* possibili e non solo in lingua italiana. Sconvolgente, no?

Ad esempio il numero:

2549512682437391934227589237633444076203478420472790906889495507695647521082142813739335585

altro non è che questo *haiku* pubblicato da Jorge Luis Borges:

> La luna nuova.
> Lei pure la guarda
> da un'altra porta

E ancora, il numero:

3990710885926415685180049222581652219952951646966969150150835450792956249252416563628620003

è nient'altro che l'*haiku* di Edoardo Sanguineti:

> Sessanta lune:
> i petali di un haiku
> nella tua bocca

Fornisce qualcosa di mio il numero:

9245746576284935481980832102617407740320487600254962981002388040903300104726187726797737

È l'*haiku Girando per Corso di Porta Romana*, premio *"Primavera 1990"*

33

della rivista *Il Grillo*:

> Rettangoli d'azzurro
> mi tiro dietro
> come aquiloni

O anche il numero:

14918767544025739885975310954733145762277273109649777573
65571700841615201778016300017209545631201581330 39

il mio *Stazione di Lambrate*:

> Piove a dirotto
> sul binario otto un sorriso
> si fa ombrello

Ancora questo e chiudo con gli esempi. Il numero:

11443839110202749704889533112042365193331531023861956
13063004364962717

si palesa essere:

> Birds singing
> in the dark
> - Rainy dawn.[18]

una composizione di Jack Kerouac.

Le considerazioni esposte negli ultimi paragrafi, ci potrebbero portare – perché no? – ad ideare una sorta di *Progetto Haiku* consistente nella ricerca di **tutti** gli *haiku* classici e moderni nella forma. L'*haiku* è generalmente inteso come una composizione poetica di diciassette sillabe. Nel mio *Quaderno di Haiku*[19] ho scritto:

> Frullo d'ali di farfalla
> maliardo canto
> di sirene

> Di diciassette palpiti
> rubati all'universo
> scrigno

---

18 La traduzione è: Gli uccelli cantano / nel buio / - Alba piovosa.
19 Pubblicato nel 1991 dal Gruppo Keraunia per la promozione della parola scritta.

È, dunque, l'*haiku* un testo molto breve. Questo aspetto suggerisce che l'obiettivo posto potrebbe essere raggiunto, usando modalità analoghe a quelle descritte in precedenza, con un calcolatore o una rete di calcolatori in un tempo ragionevole. Poiché poi, come molta poesia contemporanea insegna, i segni di interpunzione sono accessori, e in fin dei conti potremmo fare a meno anche della distinzione tra maiuscole e minuscole, come pure dell'apostrofo, potremmo usare per la nostra ricerca il codice a 5 bit che scrivo qui sotto.

0	1	2	3	4	5	6	7	8	9	10	11	12	13	14	15
SP	a	b	c	d	e	f	g	h	i	j	k	l	m	n	o

16	17	18	19	20	21	22	23	24	25	26	27	28	29	30	31
p	q	r	s	t	u	v	w	x	y	z	SP	SP	SP	SP	SP

Ovviamente saremo noi, poi, ad apportare le opportune modifiche ai risultati significativi ottenuti in modo da adeguarli alle regole di scrittura fissate per le diverse lingue. Ad esempio correggere *all alba* in *all'alba* oppure *sulla citta* in *sulla città*, e, poiché non vi è un codice di *a capo*, decidere noi la fine di ogni verso. Ovviamente l'intervallo numerico che andremo ad esplorare fornirà, stante sei codici corrispondenti al carattere SP, spazio vuoto, risultati non univoci, nel senso che a più numeri corrisponderà una stessa stringa di caratteri, anche se a ciò si potrebbe ovviare con una scrittura un po' più sofisticata del programma usato per la conversione. Potremmo anche fissare molto grossolanamente come punto di partenza il numero naturale 12778735520462592330883737793, corrispondente nella codifica alla stringa di caratteri "aaaaa aaaaaaa aaaaa". Non dimenticando, infine, naturalmente, che il programma PHP, di conversione di un numero naturale in una stringa di caratteri più sopra riportato, andrà adeguato alla nuova codifica. Non resta che aggiungere come considerazione che la ricerca così pensata permetterà di trovare tutti gli haiku non solo in italiano o nella lingua inglese, ma in ogni lingua compatibile con la codifica fissata.

Ripartiremo da questo punto nel prossimo capitolo: di seguito, invece, svolgerò alcune considerazioni su quanto fin qui è stato esposto, legandole con i contenuti del precedente capitolo.

Fissiamo l'attenzione sul termine *creazione* e ragioniamoci sopra. Consultando il vocabolario online Treccani, la parola, che deriva dal sostantivo latino *creatio -onis*, derivato a sua volta dal verbo latino *creare*, ha come primo significato: a) *"l'atto di creare, di far nascere dal nulla; in particolare, nella filosofia e religione cristiana, l'atto con cui Dio dà origine a qualche cosa distinta da sé, traendola dal nulla, non derivandola né dalla sostanza propria né da alcuna materia preesistente"*; b) *"l'insieme delle cose create, l'universo in quanto ha origine dall'opera creativa di Dio"*. Poniamoci la domanda: i numeri sono opera dell'uomo o trascendono l'uomo? Senza farci coinvolgere in questioni ontologiche, potremmo comunque affermare che i numeri, la concezione dell'insieme dei numeri naturali N, insieme infinito su cui si fonda tutta la nostra matematica, è quantomeno un patrimonio dell'intera umanità. Possiamo anche aggiungere che il rapporto che vi può essere tra i numeri naturali ed il singolo individuo, altro non può essere che quello così ben descritto da Cesare Zavattini nella terza istoria di Ted Mac Namara nel capitolo XVI del suo *Parliamo tanto di me*[20]: esprimerli, manifestarli, non certo *crearli*. Il vocabolario Treccani aggiunge per estensione un significato secondario *"riferito all'uomo, ideazione, invenzione ed esecuzione materiale di un'opera"*. È evidente però che tale accezione non può essere riferita ad un numero. Parlare di *creazione* di un numero o di *creare* un numero naturale è un nonsenso. Ciascuno di noi non può fare cosa diversa dal babbo di Mac Namara, da Alain della Sorbona, dall'algebrista Pull, dall'italiano Gianni Binacchi, il vincitore, o dagli altri partecipanti alla *Gara Mondiale di Matematica* di Gottinga raccontata da Zavattini, cioè soltanto, questo sì, pensare, dire, scrivere, esprimere con una modalità qualunque un numero naturale, un insieme finito di essi, visto che siamo mortali, ma non *inventarli, crearli*. Nessuna creazione, dunque, tuttalpiù si può parlare di scoperta.

L'analogia giusta è quella della ricerca dei grandi numeri primi. Il *Corriere della Sera*, il 22 gennaio 2016, dava la notizia della scoperta di M74207281, il numero primo $2^{74207281} - 1$, un numero di Mersenne che ha oltre 22 milioni di cifre. Così il quotidiano esprimeva la paternità della scoperta: *"A trovarlo è stato ancora una volta il professor Curtis Cooper dell'Università del Missouri, che circa tre anni prima aveva trovato un numero primo e*

---

20 Cesare Zavattini, *loc. cit.*

di Mersenne di 17 milioni di cifre. Cooper lavora all'interno di un progetto denomi- nato Great Internet Mersenne Prime Search (Gimps), che utilizza i computer messi a disposizione dai volontari di tutto il mondo per elaborare calcoli facendo affida- mento su un software disponibile per diversi sistemi operativi". La ricerca del pro- getto GIMPS è finalizzata alla scoperta di numeri naturali con una ca- ratteristica particolare: quella di essere un numero primo, cioè un nume- ro divisibile solo per se stesso e per 1. È una ricerca che ha nel mondo attuale informatizzato una grandissima importanza, come lo stesso *Cor- riere* sottolinea: i grandi numeri primi *"vengono infatti usati nei sistemi di crit- tografia digitale asimmetrica, la più utilizzata in ambito informatico, che si basa sulla protezione dei dati attraverso il prodotto di due numeri primi molto grandi, che costituiscono le chiavi di decifrazione".* Ed è una ricerca assai congruamente incentivata, come ricorda lo stesso giornale: *"Electronic Frontier Founda- tion ha messo in palio 150 mila dollari per chi troverà un numero primo da cento milioni di cifre e 250 mila dollari a chi riuscirà a trovare un numero primo di un miliardo di cifre, proprio perché sarebbe una garanzia assoluta per la privacy".*

Riconoscimento del merito della scoperta, nessun copyright sul nu- mero trovato: prendiamone coscienza e fissiamolo bene a mente.

A chiusura di questo capitolo aggiungo come appendice il listato del programma, sempre in linguaggio PHP, che, relativamente a quello più sopra riportato, compie l'operazione inversa, cioè mostra l'altra faccia, per così dire, di una stringa di caratteri: il suo essere numero (decimale).

```php
<?php
$s = "stringa da convertire";
$codifica = array(' ' => 0, 'A' => 1, 'B' => 2, 'C'
=> 3, 'D' => 4, 'E' => 5, 'F' => 6, 'G' => 7, 'H'
=> 8, 'I' => 9, 'J' => 10, 'K' => 11, 'L' => 12,
'M' => 13, 'N' => 14, 'O' => 15, 'P' => 16, 'Q' =>
17, 'R' => 18, 'S' => 19, 'T' => 20, 'U' => 21, 'V'
=> 22, 'W' => 23, 'X' => 24, 'Y' => 25, 'Z' => 26,
"'" => 27, ',' => 28, '.' => 29, ';' => 30, ':' =>
31, '-' => 32, 'a' => 33, 'b' => 34, 'c' => 35, 'd'
=> 36, 'e' => 37, 'f' => 38, 'g' => 39, 'h' => 40,
'i' => 41, 'j' => 42, 'k' => 43, 'l' => 44, 'm' =>
45, 'n' => 46, 'o' => 47, 'p' => 48, 'q' => 49, 'r'
=> 50, 's' => 51, 't' => 52, 'u' => 53, 'v' => 54,
'w' => 55, 'x' => 56, 'y' => 57, 'z' => 58, '!' =>
59, '?' => 60, '"' => 61, '/' => 62, "\n" => 63);
```

```php
function duplica($s)
{
$d = '';
$q = 0;
for ($i = strlen($s); $i > 0; $i--)
{
 $d = (($s[$i - 1] * 2 + $q) % 10) . $d;
 $q = floor($s[$i - 1] / 5);
}
if ($q) $d = $q . $d;
return $d;
}

function somma($x, $y)
{
$s = '';
if (strlen($x) - strlen($y) < 0)
        {$w = $x; $x = $y; $y = $w;}
for ($i = strlen($x) - strlen($y); $i > 0; $i—)
        $y = '0' . $y;
$q = 0;
for ($i = strlen($x) - 1; $i >= 0; $i--)
{
 $s = (($x[$i] + $y[$i] + $q) % 10) . $s;
 $q = floor(($x[$i] + $y[$i] + $q) / 10);
}
if ($q) $s = $q . $s;
return $s;
}

$b = '';
for ($i = 0; $i < strlen($s); $i++) {
 $n = decbin($codifica[$s[$i]]);
 while (strlen($n) % 6) $n = '0' . $n;
 $b .= $n;
}

$d = $b[0];

for ($i = 1; $i < strlen($b); $i++)
{
 $d = somma(duplica($d), $b[$i]);
}
echo $d;
?>
```

Nel 1974, fu costituito ufficialmente, con sede a Mountain View in California, il SETI Institute, una organizzazione scientifica privata senza scopi di lucro che realizzava la proposta già sviluppata da Frank Drake nel 1960. SETI è l'acronimo di Search for Extra Terrestrial Intelligence (cioè in italiano, ricerca di intelligenza extraterrestre), e denomina un programma di ricerca di vita intelligente extraterrestre sufficientemente evoluta da essere in grado di inviare nel cosmo segnali radio. Nell'ambito del SETI sono stati sviluppati nel tempo diversi specifici progetti: nel 1979, in particolare, l'Università di Berkeley lanciò un progetto SETI chiamato SERENDIP, ovvero *"Search for Extraterrestrial Radio from Nearby Developed Populations"*, che fu replicato nel 1986 da SERENDIP II, e successivamente da altri due progetti. In questo ambito, nel 1999, l'Università di Berkeley lanciò il programma SETI@home, che avrebbe da allora coinvolto nel progetto oltre 5 milioni di volontari in tutto il mondo, sviluppando oltre 2 milioni di anni di tempo di elaborazione. Chiunque abbia un computer connesso ad Internet può partecipare al progetto, scaricando dalla rete il software che compie l'analisi del segnale di una *work unit* di 350 kilobyte di dati raccolti dal progetto SERENDIP IV SETI, e restituisce via Internet i risultati dell'elaborazione. Per meglio far comprendere la potenza del progetto, riporto un dato statistico spesso citato online[21] in merito al riconoscimento ottenuto dal Guinness World Records di più grande calcolo nella storia: nel 2009 il progetto contava 278.832 computer attivi in 234 paesi, capaci di fornire una potenza di calcolo di 769 teraflops[22], una potenza notevole quando si pensi che il supercomputer allora più veloce al mondo aveva raggiunto i 2.331 teraflops.

Un altro esempio di calcolo distribuito è quello ricordato nel prece-

---

21 Ad esempio lo si trova nella pagina dedicata al progetto di Wikipedia.

22 L'acronimo FLOPS sta per *FLoating point Operations Per Second* e indica il numero di operazioni in virgola mobile svolte dalla CPU di un computer in un secondo. Un teraflops corrisponde ad una quantità di 10^{12} operazioni in un secondo.

dente capitolo, relativo al progetto GIMPS, *Great Internet Mersenne Prime Search*. Il progetto ha lo scopo di ricercare numeri primi di Mersenne[23], numeri primi, cioè, che possono essere rappresentati nella forma $2^p - 1$, dove p è a sua volta un numero primo. Come in teoria dei numeri si insegna, mentre si può dimostrare che un numero p è primo se è primo il numero $2^p - 1$, il viceversa non è vero; da qui l'interesse per la ricerca dei numeri primi di Mersenne, ricerca che, come accennato in precedenza, ha un importante scopo pratico.

Il progetto GIMPS è stato creato da George Woltman nel 1996. Dalla sua base operativa di Orlando in Florida il progetto utilizza la potenza di calcolo dei computer di numerosi volontari in tutto il mondo su cui viene eseguito un programma ottimizzato per la ricerca di numeri di Mersenne. I dati statistici sulla potenza di calcolo del progetto[24], in data 28 febbraio 2017, indicavano nell'ultimo mese una potenza reale di 420.714 teraflops.

Cosa ci suggeriscono i progetti SETI@home e GIMPS? Banalmente che è possibile costituire una rete di calcolo distribuito per realizzare, in un tempo ragionevolmente accettabile, ad esempio, il progetto accennato nel precedente capitolo, e cioè ricercare tutti i possibili *haiku*: quelli conosciuti perché pubblicati nei libri, quelli che riposano in pace nei cassetti, quelli addirittura mai scritti o pensati. Sulla linea di ricerca abbozzata nel precedente capitolo, basterebbe ideare una codifica che minimizzi e semplifichi la ricerca in una determinata lingua, e scrivere un software efficiente alla bisogna. E naturalmente aggregare un numero sufficientemente adeguato di volontari, tenendo conto che la valutazione dei risultati ha tempi ben più lunghi della loro produzione.

Non solo, si potrebbe poi estendere la ricerca a testi di maggior lunghezza. Nelle migliaia di concorsi di poesia organizzati ogni anno dalle più disparate associazioni culturali, in genere si fissa il limite di 40 versi per le poesie partecipanti. Potrebbe essere questo l'obiettivo successivo: trovare tutti i testi che possono essere considerati una composizione poetica rispondente a quel requisito. Il progetto *Poesie da concorso* porterebbe alla luce tutti i componimenti brevi della letteratura: i sonetti del

---

23 Dal nome del filosofo e matematico francese del Seicento Marin Mersenne, che compilò una lista di numeri primi di tale tipo.

24 Disponibili in tempo reale sul sito *https://www.mersenne.org/primenet/*

Foscolo, *L'infinito* di Leopardi, *Verrà la morte e avrà i tuoi occhi* di Pavese, tutte le poesie del Carducci che sono state un tormento per molti scolari, quelle di Ungaretti, di Quasimodo, di Montale, per fare qualche nome, quelle brevi dei mille altri poeti che si possono trovare nelle antologie, quelle mai scritte da nessuno.

E dopo questo, spingerci ancora più in là, con numeri naturali sempre più grandi verso testi sempre più lunghi, molti già conosciuti perché scoperti nella propria attività di scrittore e pubblicati da qualcuno, ma infiniti altri che stanno lì, nei numeri, in attesa che qualcuno li trasformi in inchiostro su una pagina bianca. L'insieme dei numeri naturali è in questa visione una biblioteca universale, la biblioteca che contiene non solo tutti i libri che nel corso dei secoli sono stati scritti dagli uomini, ma anche tutti i libri che qualcuno sta scrivendo e che si pubblicheranno nei prossimi giorni, mesi, anni; la biblioteca che contiene anche tutti quelli che non saranno pubblicati mai. Per chi ama le citazioni e per dirla con un'intrigante iperbole, esso rappresenta la figura vera, reale, precisa e concreta della *Biblioteca* di *Babele*, di cui una interpretazione, immaginifica e visionaria, è stata raccolta da Jorge Luis Borges in un famosissimo racconto.

"L'universo (che altri chiama la Biblioteca) si compone d'un numero indefinito, e forse infinito, di gallerie esagonali, con vasti pozzi di ventilazione nel mezzo, bordati di basse ringhiere. Da qualsiasi esagono si vedono i piani superiori e inferiori, interminabilmente. La distribuzione degli oggetti nelle gallerie è invariabile. Venticinque vasti scaffali, in ragione di cinque per lato, coprono tutti i lati meno uno; la loro altezza, che è quella stessa di ciascun piano, non supera di molto quella di una biblioteca normale. Il lato libero dà su un angusto corridoio che porta a un'altra galleria, identica alla prima e a tutte. A destra e a sinistra del corridoio vi sono due gabinetti minuscoli. Uno permette di dormire in piedi; l'altro di soddisfare le necessità fecali. Di qui passa la scala spirale, che si inabissa e s'innalza nel remoto...". L'incipit del racconto si concentra sulla descrizione della *Biblioteca*, ponendo da subito l'enfasi sulla sua fisicità, struttura straordinaria e fantastica, calando il lettore nel suo interno, nell'interno di una rappresentazione mentale, per certi versi ossessiva, di cui la quotidianità del Borges bibliotecario[25], il suo contatto

---

25 Borges fu costretto ad abbandonare la sua professione di bibliotecario nel 1946,

continuo con scaffalature e libri e l'ossessione della loro catalogazione, hanno molta responsabilità.

"Come tutti gli uomini della Biblioteca, in gioventù io ho viaggiato; ho peregrinato in cerca di un libro, forse del catalogo dei cataloghi; ora che i miei occhi quasi non possono decifrare ciò che scrivo[26], mi preparo a morire a poche leghe dall'esagono in cui nacqui. Morto, non mancheranno mani pietose che mi gettino fuori della ringhiera; mia sepoltura sarà l'aria insondabile; il mio corpo affonderà lungamente e si corromperà e dissolverà nel vento generato dalla caduta, che è infinita". Questo succederà perché, dice il bibliotecario: "Io affermo che la Biblioteca è interminabile". Diventerà, dunque, anche lui parte della *Biblioteca*, perché anche lui è *Biblioteca*.

Un lettore attento, che sa andare oltre alle apparenze e alle distrazioni filosofiche, trova sparse tra le righe del racconto del bibliotecario Borges le caratteristiche essenziali della *Biblioteca*, che ci permettono non solo di individuarla nel nostro mondo *reale*, ma di andare oltre, di concretare cioè quella verità ricercata ossessivamente, presente davanti ai nostri occhi da "quel giorno dimenticato / quando la pietra si fece pietra, albero / l'albero, diventò cosa ogni cosa"[27]. Cominciamo dal primo assioma evidenziato volutamente nel testo: "Primo: *la Biblioteca esiste ab aeterno*". Volutamente, per evidenziare in modo netto il rapporto della *Biblioteca* con l'entità *uomo*. "L'uomo, questo imperfetto bibliotecario, può essere opera del caso o di demiurghi malevoli; l'universo, con la sua elegante dotazione di scaffali, di tomi enigmatici, di infaticabili scale per il viaggiatore e di latrine per il bibliotecario seduto, non può essere che l'opera di un dio. Per avvertire la distanza che c'è tra il divino e l'umano, basta paragonare questi rozzi, tremuli simboli che la mia fallibile mano

---

dopo la sconfitta dell'Unión Democrática, che aveva sostenuto, e l'elezione a presidente dell'Argentina di Juan Domingo Perón, avendo dimostrato la sua avversione al nuovo governo. Dopo la deposizione del presidente argentino, Borges fu nominato direttore della Biblioteca Nazionale Argentina, incarico che fu da lui ricoperto dal 1955 fino alle dimissioni, col ritorno di Perón al potere, nel 1973.

26 C'è molta autobiografia nel racconto di Borges. Dagli anni '40, la retinite pigmentosa, malattia agli occhi ereditata dal padre, assieme alla forte miopia di cui soffriva, era peggiorata rapidamente provocandogli una progressiva ipovisione, fino a farlo divenire completamente cieco alla fine degli anni '60.

27 *Cfr.* Sergio Fumich, *Oltre il punto di non ritorno*, Keraunia, Rivista bimestrale di poesia, anno III nn. 12/13, ottobre/dicembre 1993.

sgorbia sulla copertina d'un libro, con le lettere organiche dell'interno: puntuali, delicate, nerissime, inimitabilmente simmetriche". Detto in altre parole, il commento dell'assioma esprime il pensiero che si ritrova, guardando indietro, nei Pitagorici, i quali supponevano che la sostanza di tutte le cose fossero i numeri e che tutti i fenomeni fossero espressioni sensibili di rapporti matematici; per essi l'intero universo era armonia[28].

Il secondo assioma evidenziato dal bibliotecario del racconto – anch'esso volutamente evidenziato – è: "Secondo: *Il numero dei simboli ortografici è di venticinque*". Subito ne viene aggiunta la motivazione della sua importanza: "Questa constatazione permise, or sono tre secoli, di formulare una teoria generale della Biblioteca e di risolvere soddisfacentemente il problema che nessuna congettura aveva permesso di decifrare: la natura informe e caotica di quasi tutti i libri.". E ne fa alcuni esempi, aggiungendo però: "È ormai risaputo: per una riga ragionevole, per una notizia corretta, vi sono leghe di insensate cacofonie, di farragini verbali e di incoerenze". Ed è l'arguzia del bibliotecario Borges, poi, a sussurrare tra parentesi: "So d'una regione barbarica i cui bibliotecari ripudiano la superstiziosa e vana abitudine di cercare un senso nei libri, e la paragonano a quella di cercare un senso nei sogni o nelle linee caotiche della mano... Ammettono che gli inventori della scrittura imitarono i venticinque simboli naturali, ma sostengono che questa applicazione è casuale, e che i libri non significano nulla di per sé". Un'affermazione non del tutto erronea, chiude chiosando e preannunciandone una spiegazione.

"Cinquecento anni fa, – narra il bibliotecario del racconto – il capo d'un esagono superiore trovò un libro tanto confuso come gli altri, ma in cui v'erano quasi due pagine di scrittura omogenea, verosimilmente leggibile". Dopo quasi un secolo di ricerche su di esso, si riuscì a capire in quale lingua fosse scritto e si decifrò il suo contenuto, "nozioni di analisi combinatoria, illustrate con esempi di permutazioni a ripetizione illimitata". Gli esempi del libro – continua il racconto – "permisero ad un bibliotecario di genio di scoprire la legge fondamentale della Biblioteca". La deduzione parte da due premesse, nate dalle sue osservazioni.

---

28 *Cfr.* Dagobert D. Runes, *Dizionario di filosofia*, Oscar Studio Mondadori, 1973 (prima ristampa), pag. 702.

La prima è che "tutti i libri, per diversi che fossero, constavano di elementi eguali: lo spazio, il punto, la virgola, le ventidue lettere dell'alfabeto". La seconda è che "non vi sono, nella vasta Biblioteca, due soli libri identici". La conclusione a cui quel bibliotecario arrivò fu che "la Biblioteca è totale, e che i suoi scaffali registrano tutte le possibili combinazioni dei venticinque simboli ortografici... cioè tutto ciò ch'è dato di esprimere, in tutte le lingue".

Lo stesso racconto cerca di spiegare al lettore il risultato fondamentale raggiunto da quel bibliotecario di genio e le sue conseguenze: "Tutto: la storia minuziosa dell'avvenire, le autobiografie degli arcangeli, il catalogo fedele della Biblioteca, migliaia e migliaia di cataloghi falsi, la dimostrazione della falsità di questi cataloghi, la dimostrazione della falsità del catalogo autentico, l'evangelo gnostico di Basilide[29], il commento di questo evangelo, il commento del commento di questo evangelo, il resoconto veridico della tua morte, la traduzione di ogni libro in tutte le lingue, le interpolazioni di ogni libro in tutti i libri". Tutto è possibile trovare in qualche esagono della *Biblioteca*.

Il paradosso è che il racconto pubblicato da Borges nel 1941 ha fissato particolarmente l'attenzione di quanti, numerosissimi, dopo di lui hanno affrontato il tema, sull'aspetto fisico strutturale della *Biblioteca*, quando non addirittura su questioni in taluni casi di biblioteconomia, mettendo in disparte, quasi fosse una questione di retroguardia speculativa, la scoperta eccezionale, dovuta alla genialità di quel bibliotecario di cui si dice nel racconto. Fu lo stesso Borges – a ben guardare, – a depistare, ad aprire la strada a quel genere di speculazioni introducendo una variante nella seconda edizione: due lati liberi per esagono anziché uno solo. La *Biblioteca*, va riconosciuto, rappresenta una potente, intrigante metafora dell'universo a cui non sembra possibile sottrarvisi. E così, qualcuno arriva, a quasi trent'anni dopo la morte di Borges, addirittura a scrivere un libro: *Come costruire la Biblioteca di Babele a dispetto degli errori di Borges*[30].

Eppure, gli indizi sulla congettura nascosta nel racconto sono tanti. Ad esempio, quando il narratore incentra il suo racconto sulle conse-

---

29 Il Vangelo di Basilide, maestro religioso dello gnosticismo cristiano delle origini, è un vangelo apocrifo andato perduto.
30 Il libro è di Renato Giovannoli, edizioni Medusa.

guenze della scoperta di quell'oscuro geniale bibliotecario, dopo il primo momento di euforia ("Quando si proclamò che la Biblioteca comprendeva tutti i libri, la prima impressione fu di straordinaria felicità. Tutti gli uomini si sentirono padroni di un tesoro intatto e segreto."), egli, tra altri fatti ed eventi, ricorda come alcuni "credettero che l'importante fosse di sbarazzarsi delle opere inutili" e che "al loro furore igienico, ascetico, si deve l'insensata distruzione di milioni di libri". Ma subito aggiunge, a conforto della disperazione di tanti per quella perdita: "Primo: la Biblioteca è così enorme che ogni riduzione d'origine umana risulta infinitesima. Secondo: ogni esemplare è unico, insostituibile, ma (poiché la Biblioteca è totale) restano sempre varie centinaia di migliaia di facsimili imperfetti, cioè di opere che non differiscono che per una lettera o per una virgola".

E poi, ancora avviandosi il racconto alla sua fine, "Non posso immaginare alcuna combinazione di caratteri **dhcmrlchtdlj** che la divina Biblioteca non abbia previsto, e che in alcuna delle sue lingue segrete non racchiuda un terribile significato". E così poco più avanti: "Parlare è incorrere in tautologie. Questa epistola inutile e verbosa già esiste in uno dei trenta volumi dei cinque scaffali di uno degli innumerabili esagoni - e così pure la sua confutazione".

La *Biblioteca* esiste *ab aeterno*, già si era detto, ma essa "perdurerà per l'eternità: illuminata, solitaria, infinita, perfettamente immobile, armata di volumi preziosi, inutile, incorruttibile, segreta", dice nella sua lettera il bibliotecario, esprimendo il sospetto – "M'inganneranno, forse, la vecchiezza e il timore" – che la specie umana stia per estinguersi. Essa, dunque, non è opera dell'umanità, i volumi che essa racchiude non sono opera dell'uomo. L'uomo altro non può fare che scoprirne alcuni nella incessante ricerca di una vita.

Il racconto pubblicato da Borges – va detto – ha un precedente in *Die Universalbibliothek* (*La Biblioteca Universale*), un racconto del 1904 di Kurd Laßwitz. Prendendo spunto da pensieri di Leibniz, il racconto narra di un professore, il professor Wallhousen, e un redattore alla ricerca di materiale per un articolo, Max Burkel, i quali discutono circa la possibilità di creare una biblioteca che contenga tutti i libri possibili. In esso si fa un'ipotesi sulla sua consistenza, ipotizzando di usare 100 caratteri tipografici tra lettere, segni di interpunzione e caratteri speciali e supponendo che ogni volume della biblioteca abbia 500 pagine, ogni pagina 40 righe e ogni riga 50 caratteri. Il numero che ne esce è 10 elevato a 2 milioni e nel racconto, per far meglio comprendere il significato della sua dimensione, il professore fa degli esempi molto efficaci, come questo, per citarne uno: se si disponesse il contenuto della biblioteca un'unica fila, andando alla velocità della luce occorrerebbero due anni, per percorrere un trilione di libri soltanto.

Ho dimostrato in precedenza come l'insieme dei numeri naturali possa essere inteso, o, più audacemente, altro non sia che la forma concreta della *Biblioteca*, cioè l'insieme di tutti i libri possibili, e questo qualunque sia la *lingua segreta*, il codice che si usi per concretizzare ciascuno di essi, cioè per far partecipe il lettore comune del loro contenuto presentandolo nella più familiare forma alfabetica. L'esistenza della *Biblioteca*, cioè, è reale, non è il parto paradossale di una mente fantasiosa. Certamente può apparire duro ammettere che i nostri vagiti letterari – ritenuti orgogliosamente *nostri* – altro non siano che briciole già contenute in quel insieme, numeri che non hanno bisogno della nostra *creatività* per esistere. Così è, qualunque cosa ciò possa significare per l'amor proprio di un *autore* o per il business di un editore. Il bibliotecario Borges lo avverte e lo descrive con le parole del bibliotecario protagonista del racconto: "Lo scrivere metodico mi distrae dalla presente condizione degli uomini, cui la certezza di ciò, che tutto sta scritto, annienta o istupidisce. So di distretti in cui i giovani si prosternano dinanzi ai libri e ne baciano con barbarie le pagine, ma non sanno decifrare una sola lettera. Le epidemie, le discordie eretiche, le peregrinazioni che inevitabilmente degenerano in banditismo, hanno decimato la popolazione. Credo di aver già accennato ai suicidi, ogni anno più frequenti".

Posso immaginare quanto sia tremendo dire a chi conserva gelosamente un quaderno di poesie o un racconto, magari scritto a mano in un cassetto, che la sua creatività, l'impeto, l'istinto che lo ha spinto a scrivere quel suo piccolo segreto tesoro, è solo illusione, sogno, che quelle parole che hanno inciso la carta sono già state *scritte* al tempo dei tempi, codificate in un numero come tutto ciò che si legge nella quotidianità, giornali, riviste, libri, gli stessi bestseller che la televisione reclamizza, come questo stesso opuscolo che state leggendo. Tutto quello che si scrive nei social network, che tanto danno l'illusione alle anime semplici di vivere momenti creativi. Tutte le parole che ogni giorno diciamo, tutti i nostri pensieri. Tutto è già codificato nei numeri naturali, dal tempo dei tempi alla fine dei secoli e oltre, da sempre e per sempre. Borges, quando ripubblicò il suo racconto in una raccolta del 1944, intitolò quest'ultima *Ficciones, Finzioni*. Piace pensare che fosse il suo arguto inconscio di bibliotecario a suggerirglielo: tutto il nostro mondo letterario altro non è che una finzione di autorialità.

Con il termine *Aleph-zero*, che denomina il simbolo $\aleph_0$, derivato dalla lettera aleph dell'alfabeto ebraico, i matematici indicano il numero transfinito che rappresenta la cardinalità del numerabile, cioè la cardinalità[31] di tutti gli insiemi infiniti che possono essere posti in corrispondenza biunivoca con l'insieme dei numeri naturali. *Aleph-zero*, dunque, rappresenta anche la cardinalità della nostra *Biblioteca*. Di fronte a questo insieme infinito, quale dunque è il senso del nostro illuderci di essere creatori originali? L'evidenza, inesorabile, dice che quando uno qualunque di noi scrive un libro, egli non ne è il suo creatore, anche se ha l'illusione di dire di sé, di raccontarsi agli altri, di raccontare il proprio universo personale. E null'altro fa che mettere sulla carta, o modernamente dare forma di ebook, a qualcosa che già esiste e che sempre esisterà, anche quando questa umanità si sarà estinta. Possiamo tutt'al più assimilare l'opera dell'autore a quella di un archeologo, dicendo che la sua non è creazione, ma una sorta di scoperta. Del resto, se nel contempo avessimo due persone sedute allo stesso tavolo, la prima a scrivere il romanzo della sua vita, la seconda a tracciare sulla carta le cifre del numero naturale che, secondo qualche codice, *è* quel romanzo cui l'altro sta dando forma di stringa di caratteri, come potremmo affermare che la prima sta creando e la seconda si sta trastullando nel riempire fogli di carta con cifre senza senso? Forse perché, sin da bambini, a quelle cifre non siamo abituati a dare altro significato che non sia il loro rappresentare numeri? Perché non siamo stati abituati a *leggerle*? O forse perché non riusciamo proprio – ciascuno di noi – fare a meno di crederci l'ombelico di questo universo?

---

31 Nella Teoria degli Insiemi, con cardinalità o potenza di un insieme finito si intende il numero degli elementi dell'insieme. Il concetto è esteso anche agli insiemi infiniti: due insiemi infiniti hanno la stessa cardinalità se è possibile stabilire tra gli elementi che li compongono una corrispondenza biunivoca senza eccezione.

Forse non aiuta a comprendere la realtà delle cose il fatto che siamo soliti, come lettori, a venire a contatto con il risultato della *scoperta*, presentato dall'editore – cioè da chi fa d'un numero codificato con caratteri alfabetici un oggetto fisico, di carta ed inchiostro, ben rilegato e aggraziato da una copertina che sposa il gusto del tempo – come un unicum definitivo sin dall'inizio. Ricordate una precedente citazione di Borges: "Ogni esemplare è unico, insostituibile, ma (poiché la Biblioteca è totale) restano sempre varie centinaia di migliaia di facsimili imperfetti, cioè di opere che non differiscono che per una lettera o per una virgola"? Se avessimo a disposizione le bozze del lavoro dell'autore che mostrano le scelte fatte a fronte di innumerevoli varianti, forse accetteremo più facilmente di accantonare l'idea che si tratti di creazione. L'editore Mondadori nella collana *I Meridiani*, nel 1969, ha pubblicato il libro *Giuseppe Ungaretti. Vita di un uomo*, che riporta tutte le poesie ma anche un interessante apparato critico. Famosissima è la poesia, che viene presentata col titolo *Stasera* e l'indicazione *Versa il 22 maggio 1916*:

> Balaustrata di brezza
> per appoggiare stasera
> la mia malinconia

La poesia, pubblicata in *Il Porto Sepolto* (Stabilimento Tipografico Friulano, Udine 1916), reca il titolo *Finestra a mare*, diviene *Sera* in *Allegria di Naufragi* (Vallecchi, Firenze 1919) e in *Il Porto Sepolto* (Stamperia Apuana, La Spezia 1923). Infine il titolo finale, *Stasera*, risale alla pubblicazione di *L'Allegria* (Mondadori, Milano 1942). Ma anche il suo brevissimo testo si evolve nel tempo. Nelle prime due edizioni citate il suo testo è:

> Balaustrata di brezza
> per appoggiare la mia malinconia
> stasera

Nell'edizione de *L'Allegria* (Preda, Milano 1931) è:

> Balaustrata di brezza
>
> per appoggiare la malinconia
>
> stasera

Un lettore attento alla sonorità e all'efficacia potrebbe forse avanzare l'ipotesi birichina che a dar forma alla stesura definitiva, la prima riportata, sia stata la mano sapiente ed il gusto poetico di qualche oscuro *editor* di Arnoldo Mondadori Editore. L'analogia della scoperta ci porta a pensare ad un antichissimo vaso, trovato in qualche luogo e pian piano riportato all'antico splendore da tecnici esperti.

Vediamo un altro esempio, un'altra notissima poesia: *San Martino del Carso*. La versione definitiva del libro Mondadori del 1969 è

Di queste case
non è rimasto
che qualche
brandello di muro

Di tanti
che mi corrispondevano
non è rimasto
neppure tanto

Ma nel cuore
nessuna croce manca

È il mio cuore
il paese più straziato

Nelle edizioni citate in precedenza – *Il Porto Sepolto* del 1916 e *Allegria di Naufragi* del 1919 – troviamo che all'origine il secondo verso era:

non c'è rimasto

Una variante poco sostanziale, ma così non le altre. Il verso 4 era accompagnato da un altro successivamente soppresso:

brandello di muro
esposto all'aria

Come pure il verso 8:

neppure tanto
nei cimiteri

Ma ben più consistente è la modifica attuata sul testo precedente che

49

ha prodotto la versione definitiva dei versi dal 9 al 12. Nelle due precedenti edizioni citate si trova:

> Ma nel cuore
> nessuna croce manca
>
> Innalzata
> di sentinella
> a che?
>
> Sono morti
> cuore malato
>
> Perché io guardi al mio cuore
> come a uno straziato paese
> qualche volta

La mano sapiente dell'ipotizzato *editor fantasma*, intenta a dare efficacia alla poesia – e a farne un *prodotto editoriale* – è qui più che evidente.

Fino ad ora si è incentrata l'attenzione sui libri, o meglio sui testi, stringhe finite di caratteri, che abbiamo mostrato essere null'altro che numeri naturali, di cui i libri cartacei sono soltanto un loro supporto fisico. Ma la nostra *Biblioteca*, come le biblioteche moderne, non contiene solo libri. Contiene immagini, suoni, animazioni... per dirla in breve: tutto che può essere *digitalizzato*, o più correttamente tutto ciò di cui si può riconoscere la natura digitale. Anche forme, oggetti, come ci dimostra l'uso divenuto ormai comune della nuova tecnologia di stampa tridimensionale. Se tutto è numero, numeri che esistono *ab aeterno*, cosa, dunque, ci resta di strettamente nostro? E qual è lo stesso significato nostro, di vita senziente, allora in questo universo?

Alla celebrazione dei 25 anni di attività della Biblioteca Comunale di Milano nell'attuale sede di Palazzo Sormani, il 10 marzo 1981, alla presenza dell'allora sindaco di Milano, Carlo Tognoli, e di esponenti della cultura cittadina, nella Sala del Grechetto Umberto Eco svolse un suo intervento sull'attualità delle biblioteche, pubblicato nel gennaio dell'anno seguente ne *I quaderni di Palazzo Sormani*, con il titolo *De Bibliotheca*. Il testo dell'intervento di Eco può essere letto in forma elettronica nella sua interezza sul sito di *Liber Liber*, che lo ha pubblicato con il consenso dello stesso Eco, della Biblioteca e dell'editore Bompiani. L'intervento tocca molte questioni riguardanti l'ambito bibliotecario ed il mercato editoriale. Parlando del problema dell'accessibilità degli scaffali, sottolinea una sua felice osservazione che ci può suggerire il tipo di rapporto vero tra libri e lettore, che va oltre gli stereotipi pensati dai maestri del marketing editoriale. "Uno dei malintesi – dice Eco – che dominano la nozione di biblioteca è che si vada in biblioteca per cercare un libro di cui si conosce il titolo. In verità accade sovente di andare in biblioteca perché si vuole un libro di cui si conosce il titolo, ma la principale funzione della biblioteca è di scoprire dei libri di cui non si sospettava l'esistenza, e che tuttavia si scoprono essere di estrema importanza per noi". Le parole di Eco offrono lo spunto per alcune riflessioni. Cominciamo dunque, col tentare, più che di rispondere, di ragionare sulla domanda: perché una persona comune, non uno studioso, non uno studente, va in biblioteca?

Qualcuno potrebbe dire subito: magari per risparmiare. La giustificazione di una tale risposta sta nell'evidenza che il *prodotto* librario viene pensato dagli editori non come soddisfazione di una necessità di conoscenza o di propria formazione, quanto piuttosto, come un oggetto, alla stregua di altri per altre esigenze, capace di favorire la singola vanità personale nella quotidianità dei rapporti sociali. Il libro come un profumo o un capo di abbigliamento di tendenza che fa sentire a chi lo compra tutta l'effimera importanza del suo possesso e la miseria del suo non possesso. Per la sua funzione di libro, portatore di un messaggio, di una storia, di una visione del mondo, basterebbe banalmente una edizione economica in brossura, ed invece no: carta pesante, rilegatura a filo con copertina cartonata e sovraccoperta a più colori – il tutto per farne un invidiabile soprammobile nel salotto di casa o un oggetto da esibire in treno o al tavolino d'un caffè alla moda, o, perché no?, anche a passeggio. Un oggetto costoso più del necessario. Leggerlo? Questione secondaria: quante volte del resto, nel nostro solipsismo, abbiamo comperato un libro solo per averlo s'uno scaffale della nostra biblioteca personale, rimandando alle calende greche la sua improbabile lettura? E va detto, tornando alla questione, per parlarne con competenza con gli amici, se questo è il desiderio, bastano le poche righe lette su di una rivista femminile o per la famiglia moderna, o nelle pagine della cultura sponsorizzata dei quotidiani. Il livello di quattro chiacchiere al caffè o in un salotto è quello. Ciò che conta, insomma, è mostrare d'essere alla moda, di esserci.

Finito il battage pubblicitario, gli osanna su riviste e giornali, sui media televisivi – dove, nei talk show, sedicenti o giudicati tali messia culturali, riempiendosene la bocca, ne fanno la nuova bibbia letteraria – dopo qualche mese o anche solo poche settimane, rapidamente per un libro *prodotto commerciale* si prospetta la sua inesorabile – parola di moda oggi – rottamazione, lasciata alla fantasia di chi lo ha comperato, usato e quindi accantonato per un altro *oggetto del desiderio* del momento: ah, il cinismo determinato dall'imperativo di essere alla moda! C'è oggi, poi, un segnale certo, sicuro, di quando un bestseller ha finito il suo ciclo, utile ad un libraio per riconoscere il momento di toglierlo dalla vetrina o dai tavoli dove si crogiola in bella vista: la presenza di sue copie in vendita per pochi euro, uno o due, nei gruppi di *compro, scambio, vendo* sui social network.

Ma, tornando alla possibile risposta accennata, l'uso della biblioteca, per risparmiare e sentirsi comunque alla moda, è un dato di fatto soprattutto in piccoli comuni dove già mostrarsi in giro con un libro può ripagare la propria vanità intellettuale. Qui si trovano biblioteche, cosiddette, di pubblica lettura, istituite dalla politica locale per farsene un fiore all'occhiello e controllare in qualche modo l'indirizzo culturale della popolazione amministrata, spesso collocate in una stanza adiacente al municipio. Queste biblioteche, piuttosto che farsi servizio sociale di promozione della cultura, attraverso un accesso equo alla conoscenza e all'informazione, hanno ridotto il loro orizzonte al tempo libero e al soddisfacimento di necessità correlate ai programmi di studio delle locali scuole primarie e secondarie. Complice in questo anche personale inadeguato spesso volontario, il cui compito primario, quando non unico, è quello di tenere aperta la struttura un certo numero di ore la settimana e di favorire la frequenza, o meglio, il solo prestito di libri, il cui parametro statistico può essere speso politicamente in ambito comunale per accreditare un'azione meritoria di diffusione della cultura. A questo personale, il cui discernimento librario spesso si fonda sulla sola lettura delle *top ten* dei successi editoriali riportate dai quotidiani, viene affidato, poi, dal Comune anche il compito della scelta degli acquisti. La biblioteca di paese così diviene un surrogato d'una libreria Mondadori o dell'angolo librario d'un supermercato, con la sola differenza che qui l'utente può leggere l'ultimo bestseller senza spendere un euro.

La biblioteca di pubblica lettura, così snaturata, si presta ad essere un inconsapevole strumento del business dei bestseller, quello stesso che in una libreria esilia su scaffali impossibili i libri figli di dei minori per dare maggior probabilità d'acquisto ai propri. E a perpetuare la credenza popolare che – per dirla con un iperbole – i bestseller siano i soli libri stampati, o, per i meno creduloni, i soli libri importanti per sentirsi al passo con la cultura letteraria. Un concetto, quest'ultimo, spesso diffuso da columnist di quotidiani locali, che come primo lavoro operano nel campo editoriale. Una rubrica del genere, settimanale, è, per fare un esempio, *Sassi di carta* sul quotidiano di Lodi *Il Cittadino*, curata dall'editor della Mondadori Franco Forte, noto anche come sceneggiatore televisivo e scrittore di libri, ovviamente pubblicati dal suo datore di lavoro. In essa, nell'edizione dell'8 ottobre 2015 del quotidiano lodigiano, il curatore riportava una propria annotazione sulla fusione di fatto Mondadori-Rizzoli, indicata giornalisticamente con la parolaccia[32] *Mondazzoli*, che allora si stava concretando sotto forma di acquisizione della concorrente da parte della famiglia Berlusconi, proprietaria della Mondadori. Prima, però, di trarne qualche illuminante citazione, ritorna utile, credo, ricordare alcuni aspetti della particolarità dell'evento.

---

32 L'epiteto fu coniato da Umberto Eco.

Mondadori comunicò il 15 aprile del 2016 il perfezionamento dell'operazione di acquisizione da parte del Gruppo della Società per azioni *RCS Libri*, che di conseguenza mutava la denominazione in *Rizzoli Libri*, ed il suo nuovo Consiglio di amministrazione societario. La stessa Marina Berlusconi, presidente del Gruppo Mondadori, nello stesso giorno ufficializzava ai dipendenti l'ingresso di *Rizzoli Libri* nel Gruppo: "Vi confesso la mia grande emozione nel condividere con voi l'orgoglio e la soddisfazione per questo, e nell'esprimere il più sincero, il più caloroso benvenuto ai colleghi della Rizzoli", aggiungendo: "Non credo di peccare di enfasi dicendo che è un passaggio storico nella lunga vita di queste due case editrici, ma anche in quella dell'intera editoria italiana". Proseguiva, poi, accennando a come l'acquisizione fosse stata preparata da alcuni anni con un duro e difficile lavoro che aveva permesso di far tornare in ordine i conti del Gruppo e di riprendere a guardare con fiducia al futuro: "Oggi la Mondadori torna a crescere, focalizzandosi sulle attività che le hanno consentito oltre un secolo di successi: i periodici e i libri". Nella lettera, di seguito, annunciava l'acquisizione del settore media di Banzai – "Una realtà cui siamo interessati per accelerare il nostro sviluppo digitale" – e informava delle rinunce, giudicate "tanto pesanti quanto ingiuste", imposte dall'acquisizione di *RCS Libri*: l'alienazione delle due case editrici Bompiani e Marsilio. Marina Berlusconi abbozzava, quindi, le linee del progetto che la *Mondazzoli* avrebbe permesso: "Oggi guardiamo avanti, questa operazione guarda avanti, guarda alle tendenze che stanno contrassegnando la grande editoria a livello mondiale. Crescere è una scelta e al tempo stesso una necessità. Ci aspetta un lavoro delicato ma entusiasmante affinché l'arrivo di Rizzoli in Mondadori possa dare i risultati migliori per tutti. È una precisa responsabilità che ci siamo assunti". E quindi, ribadendo lo *stile* del Gruppo nelle acquisizioni, sottolineava ai suoi dipendenti: "Abbiamo ben chiaro qual è il presupposto fondamentale: garantire per le case editrici che da oggi si uniscono a noi, a cominciare dagli assetti organizzativi, quella libertà di espressione e quella tutela della propria identità che il Gruppo ha sempre assicurato a ciascuna realtà editoriale". La lettera chiudeva rivendicando orgogliosamente il ruolo della famiglia Berlusconi in quella che "risulterà una operazione positiva per l'intera editoria italiana e in definitiva per il nostro Paese".

La rivista *Wired*, in un articolo pubblicato prima dell'acquisizione[33], si interrogava sulle ragioni che hanno spinto da un lato RCS a mettere in vendita la divisione Libri e dall'altro Mondadori ad acquistarla. Secondo la rivista, per RCS, "schiacciata da 175 milioni di perdite e 500 milioni di debito, nonostante i tentativi di tamponare le falle cedendo sedi, periodici e partecipazioni in radio", non c'erano molte scelte e, oltre a Rizzoli, non aveva nemmeno molto altro da dare. Sempre secondo *Wired*, Mondadori "era l'unica in grado di offrire 130 milioni sull'unghia", e motivo forte della decisione era il fatto che la cosiddetta "rivoluzione digitale" aveva minato la solidità dei periodici Mondadori rendendo necessario, per compensare, un rafforzamento della divisione libri. Una toppa forse neppure efficace, perché, dice la rivista, "la divisione libri si troverà comunque a competere con i canali di vendita online (tipo Amazon) e con l'editoria virtuale degli *e-book* (che zitti zitti in un paio d'anni hanno raddoppiato la loro quota di mercato e superato i due milioni di lettori)". Essendo, la vendita online e l'editoria virtuale, secondo *Wired* "due elementi che dovrebbero iniziare a essere visti come un'opportunità anziché aggirati acquisendo case editrici in modo compulsivo", una motivazione più plausibile potrebbe consistere "in una strategia di attacco più che di difesa, volta in primo luogo alla creazione di un colosso editoriale che possa competere su un mercato ben più ampio di quello nazionale". Ma c'è comunque, un convitato di pietra con cui fare i conti: il mercato italiano dell'editoria. Un mercato, dice la rivista, "sempre meno gestito dagli editori e sempre più pilotato dagli uomini del marketing e del controllo di gestione; un settore che troppo spesso dimentica di avere come asset principali i propri autori; un'industria che dal 2010 al 2013 ha perso qualcosa come 430 milioni di fatturato".

Secondo la rivista, ad acquisizione avvenuta, "ci sarà sempre meno spazio per sempre meno case editrici; in cui il pluralismo verrà progressivamente ridotto e condizionato, messo all'angolo da una Mondadori in posizione inattaccabile che dall'Antitrust di molti altri Paesi verrebbe definita dominante". E *Mondazzoli*, sì, "sarà sicuramente più in salute di Mondadori e Rizzoli prese singolarmente. Venderà di più e grazie alle

---

33 Federica Colli Vignarelli, *Mondadori – Rizzoli: il lato oscuro dell'acquisizione*, 25 marzo 2016.

sinergie costerà di meno, generando ricavi... Potrà fare dell'altro shopping filantropicamente mirato ad aiutare colleghe in difficoltà, espandendosi e facendo conoscere i propri marchi sui principali mercati esteri". Ma sono, conclude *Wired*, "tutte cose, a voler pensar male, che potrebbero avere quale ultimo scopo quello di renderla il più appetibile possibile agli occhi di qualche colosso dell'editoria internazionale". Insomma: "Un'ottima mossa, a voler pensar male, in vista del giorno (non molto?) lontano in cui la famiglia Berlusconi deciderà che è tempo di incassare".

L'articolo di *Wired*, fin qui riassunto, inoltre può permettere al lettore attento di intuire, per così dire, cosa c'è sotto il tappeto del mercato editoriale. Innanzitutto è sempre più evidente che l'attività editoriale dei grandi gruppi che monopolizzano il mercato, non riesce più a mimetizzarsi con quella sorta di mecenatismo culturale *ad usum Delphini*, che propaganda di sé presso i fruitori dei suoi prodotti carta e inchiostro. L'editoria, la grande editoria oggi è, come per i detersivi o i profumi o la moda, una mera questione di marketing. Il suo imperativo è invadere il mercato con prodotti – adeguatamente pubblicizzati attraverso media che per sopravvivere, quando non direttamente stipendiati, da tempo hanno rinunciato ad una propria autonomia intellettuale – capaci di generare il massimo profitto possibile. Libri costruiti a tavolino da *editor* e *ghost writer* secondo precise ricerche di mercato. L'*autore*, lo scrittore che viene indicato in copertina, ha una parte marginale nell'operazione di realizzazione del prodotto. Per vendere un profumo – insegnano i pubblicitari del settore – bisogna creare una storia; per un libro è lo stesso e se l'*autore* può apparirne protagonista tanto di guadagnato. Si pensi, per fare un esempio, ad un successo editoriale come *Gomorra*.

Il columnist del quotidiano lodigiano *Il Cittadino*, di cui si diceva in precedenza, invece, in vista della acquisizione di *RCS Libri* da parte della casa editrice per cui lavora, nel suo articolo pensa soprattutto opportuno tranquillizzare quanti seguono la sua rubrica settimanale, che ritiene allarmati dalle voci di stampa sull'operazione di mercato avviata dal Gruppo di Marina Berlusconi: "In tanti mi chiedono che cosa ne penso – scrive – e lo fanno con una certa preoccupazione, perché immaginano che il controllo del 38% del mercato editoriale del nostro Paese nelle mani di un unico soggetto non potrà che provocare danni...". Inutile avanzare qualche dubbio su tanta diffusa preoccupazione, perché: "Be', lasciatemi dire che non c'è nulla da temere", si affretta a scrivere. E dà questa spiegazione: "Lavoro da parecchi anni all'interno del gruppo Mondadori, e se non ho avvertito in alcun modo la pressione di qualche oscura figura superiore capace di guidare le scelte editoriali di chi fa libri all'interno delle case editrici del gruppo, che già adesso sono numerose e ben distinte, non vedo perché dovrebbe cambiare qualcosa con l'aggiunta di altri marchi editoriali in questa *coalizione* di editori". La prima cosa che vien da pensare è che egli è sicuramente un dipendente ligio alla vulgata, all'immagine del Gruppo che dà la sua dirigenza, secondo convenienze di marketing e del mercato italiano, dove cancellare la presenza di marchi che hanno fatto la storia dell'editoria nazionale sarebbe quantomeno insipiente se non folle (ed è in tal senso da leggere il rammarico di Marina Berlusconi nell'aver dovuto cedere, per acquisire *RCS Libri*, la casa editrice Bompiani). E si fa anche più realista del re, come si dice: "Vi assicuro che ogni casa editrice viaggia con le sue gambe, anzi esiste da sempre fra questi marchi una rivalità senza esclusione di colpi, che porta questi editori a essere dei veri e propri concorrenti gli uni degli altri, pur appartenendo tutti allo stesso gruppo". Difficile da credere. Certo, la pluralità in un mercato è assolutamente un valore, ma una pluralità pilotata è una finzione. E una Mondadori che facesse paradossalmente concorrenza a Mondadori riducendo ripetutamente i ricavi farebbe andare su tutte le furie gli uomini del controllo di gestione. Eppure il nostro columnist si mostra convinto delle sue affermazioni e vuole convincere definitivamente i lettori della sua rubrica: "Se ci sono delle aste pubbliche per dei libri, per esempio, Mondadori, Einaudi e gli altri non si mettono d'accordo sottobanco per stabilire un prezzo, anzi combattono per aggiudicarsi l'opera da pubblicare". Conta, ovviamente ed evidentemente, sull'autorevolezza che il lettore comune dovrebbe riconoscergli stante il suo mestiere in campo editoriale. Certo. Così facendo, però, nell'enfasi conferma, per inciso, quanto già nell'introduzione si era detto, e, cioè, che i diritti della gran parte dei successi, i bestseller, realizzati secondo precise tecniche editoriali e di mercato, sono acquisiti in aste dalle case editrici, che poi li commercializzano. E tutta la galassia Mondadori non fa eccezione.

Ora, soprattutto nei piccoli comuni, in una biblioteca di pubblica lettura, con spazi ristretti – spesso come si è detto una sala adiacente al municipio, – dove i pochi acquisti sono fatti secondo le classifiche di vendita riportate nelle pagine dei quotidiani o assecondando le richieste degli utenti condizionate dai talk show, cioè per lo più bestseller e instant book che hanno vita breve nell'interesse del lettore medio, prima o poi, o anche a prescindere, si pone un problema: scaffali occupati da libri *inutili*.

L'asserto di Umberto Eco, "trovare accanto al libro che si era andati a cercare un altro libro, che non si era andati a cercare, ma che si rivela come fondamentale", il suo concretizzarsi, potrebbe, in quei punti di prestito librario, risultare un sogno. Il problema dello scarto, che è stato imposto all'attenzione degli addetti ai lavori una ventina di anni fa, ha molti aspetti oscuri, soprattutto quando, come in Lombardia – dove il capoluogo regionale è anche la capitale dell'editoria italiana – lo si è imposto nelle biblioteche di pubblica lettura quale requisito imprescindibile per ottenere contributi pubblici per l'acquisto di nuovi libri. Il problema è accennato anche nel racconto del bibliotecario Borges: "Altri, per contro, credettero che l'importante fosse di sbarazzarsi delle opere inutili. Invadevano gli esagoni, esibivano credenziali non sempre false, sfogliavano stizzosamente un volume e condannavano scaffali interi: al loro furore igienico, ascetico, si deve l'insensata distruzione di milioni di libri. Il loro nome è esecrato...".

Alla base del cosiddetto svecchiamento delle raccolte, che può avere un senso se usato per la manutenzione del patrimonio, sostituendo materiale in grave stato di deterioramento, o per ottenere spazi, non ottenibili diversamente, per la collocazione di nuove acquisizioni, una delle modalità di gestione più reclamizzata è il metodo di eliminazione cosiddetto SR SMUSI. Vediamo rapidamente in cosa consiste. Il metodo è concepito sulla base di una formula costituita da tre elementi e da criteri applicativi specifici per ogni classe della classificazione decimale bibliografica per argomenti Dewey. I primi due elementi della formula indicano rispettivamente il numero di anni trascorso dalla pubblicazione dell'opera (cioè il periodo di tempo trascorso successivamente alle informazioni contenute nell'opera – dovrebbe servire a valutarne l'attualità), e il numero di anni trascorsi senza che l'opera sia stata prestata. Il terzo elemento riassume i criteri, cinque in tutto, utilizzati per la sua eli-

58

minazione: S sta per scorretto, informazione inattuale; M sta per mediocre, superficiale, ordinario; U sta per usato, deteriorato, di sgradevole presenza; S sta per superato; I, infine, sta per inappropriato, incoerente con la raccolta. Se si eccettuano i criteri U ed I, è del tutto evidente che il bibliotecario si arroga un diritto di vita e di morte sui libri che non gli compete. Su quali basi si può determinare la scorrettezza, l'inattualità di una informazione, o, ancora, la mediocrità di un documento? Su quale base si può decidere, poi, che un testo è superato? Qualunque definizione si avanzi, essa sarà sempre e comunque arbitraria – e spesso immotivata in quanto altrimenti si implicherebbe che un bibliotecario, in quanto tale, sia onnisciente. E, dunque, chi giustifichi le sue scelte con tali criteri sarà simile a coloro *il cui nome è esecrato* nel racconto di Borges.

Naturalmente i documenti pubblicati in merito dall'AIB, l'Associazione Italiana Biblioteche, non sono semplicistici. Semplicistica spesso è la modalità di applicazione di un metodo di eliminazione attuata nelle biblioteche comunali di consistenza medio-piccola, gestita da personale, magari volontario, che forse neppure ha seguito a livello di sistema bibliotecario un corso di formazione o di aggiornamento sull'argomento. E, va aggiunto, spesso la grossolanità di certe decisioni, riguardanti l'eliminazione di patrimonio librario di non riconosciuta – a torto – importanza, va addebitato anche agli amministratori comunali che soppesano la propria biblioteca solo in termini di voti. Ad esempio, l'AIB in un suo documento[34] sottolinea che "il primo scarto lo si fa al momento dell'acquisto. Acquisti mirati e programmati nel tempo, acquisti liberi dalle cosiddette *offerte speciali* e che esaudiscano le richieste degli utenti senza che ciò arrivi a snaturare la biblioteca, mettono a riparo da crescite librarie incoerenti e abnormi. È evidente che una parte degli acquisti deve essere dedicata a rimpiazzare i testi scartati di cui si riconosce la validità". Ora, le piccole biblioteche comunali tendono ad ampliare enormemente la sezione di narrativa e ad infarcire di bestseller gli scaffali. E dire che nell'allegato al citato documento del Sistema bibliotecario di Abano Terme, che fa un po' scuola in materia, tra i criteri applicativi della metodologia di scarto si legge: "800 Narrativa X/5/SMUSI – Eliminare le opere che sono poco richieste ad es. i bestsellers. Nell'indecisione tenere

---

34 *Lo scarto librario nella biblioteca pubblica*, a cura del Gruppo di lavoro del Consorzio per il Sistema Bibliotecario di Abano Terme, 22 giugno 1995.

i volumi in magazzino o in contenitori. Mantenere sugli scaffali i libri regolarmente richiesti o di buon valore letterario, tenere vecchi titoli di autori popolari". Chiarissimo, eppure...

Nel documento si evidenzia che "il principale criterio guida è lo svecchiamento delle raccolte: lo spazio in biblioteca non è illimitato e anche quando lo fosse, lo spazio comunque ha un costo iniziale ed un costo di manutenzione e di gestione. Anche il lavoro necessario a trattare un libro costa: pur nel caso in cui il libro sia stato donato, il gestirlo e l'immagazzinarlo ha sempre un costo. Per questo è necessario esporre sugli scaffali solo libri utili, utilizzati o almeno utilizzabili". Ragioni di biblioteconomia quelle indicate, dunque, fondate sul fatto che le biblioteche in questione, di pubblica lettura, non hanno in genere obblighi, se non limitati, di conservazione. Si potrebbe osservare, però, che anche le novità librarie che si inseriscono sugli scaffali, pongono gli stessi problemi quanto a trattamento, e che una politica di acquisto oculata e finalizzata alle caratteristiche date alle proprie raccolte, dovrebbe annullare lo scarto limitandolo soltanto a questioni di manutenzione libraria o di incoerenza.

Il documento, alle precedenti due, aggiunge anche una terza ragione che consiglierebbe lo svecchiamento e dunque lo scarto, ma è naturalmente una possibile scelta *politica*: "il tentativo di garantire agli utenti delle biblioteche pubbliche comunali l'aggiornamento e la freschezza dei temi, soprattutto di natura scientifica, che vengono proposti nelle raccolte librarie presenti nelle biblioteche; potrebbe creare *rumore informativo* una proposta di libri presenti a scaffale aperto che affrontino argomenti, soprattutto di divulgazione scientifica, che non siano aggiornati e attuali con l'evoluzione e lo sviluppo della materia trattata. L'offerta libraria dovrà essere varia, accattivante, brillante, aggiornata, sempre rinnovata, di facile consultazione e lettura". Ancora qui, però, si potrebbe opinare circa la competenza specifica o il criterio usato per decidere quando un testo non sia attuale con l'evoluzione e lo sviluppo della materia trattata.

Una biblioteca di pubblica lettura ha una valenza soprattutto locale, ed il Gruppo di lavoro ne tiene conto nel suo documento scrivendo: "Su determinati temi, legati a particolari interessi che maturano nelle singole comunità e nella Sezione di Cultura Locale, possiamo allargare il campo ad una documentazione più completa, approfondita e specifica".

La visione di una biblioteca di pubblica lettura descritta nel documento del Sistema Bibliotecario di Abano Terme non è, comunque, un assoluto: essa è una possibile visione di buon senso. Ben più lacrime e sangue sono previste dal Carotti nel suo libro[35] considerato negli anni Novanta la *bibbia* dello scarto. Sono gli stessi bibliotecari del Gruppo, che hanno redatto il documento, fin qui più volte citato, a scrivere: "I criteri previsti dal testo di Carlo Carotti ci sono sembrati talvolta troppo drastici e severi, tali da mandare al macero buona parte dei patrimoni librari delle nostre biblioteche". L'autorità, *esecranda* nel senso del racconto di Borges, del Carotti derivava dal fatto che negli anni Ottanta era stato direttore reggente della Biblioteca Nazionale di Milano ed era autore di testi professionali, in particolare sugli acquisti. Forse non sbaglia critica e giudizio in proposito un post intitolato *Il mito dello scarto*, nel blog *Amici delle Biblioteche* del 29 aprile 2008. Dopo aver ricordato che "lo scarto è semplicemente una operazione dettata da necessità puramente pratiche e contingenti", e che "se queste non ci fossero se ne potrebbe anche fare a meno"; dopo aver osservato che "su questo però si è innestato un modo di pensare che sta tra il mito e l'ideologia, che viene anche diffuso con seminari e pubblicazioni, secondo il quale lo scarto sarebbe invece un elemento di sviluppo e qualificazione del servizio, che permetterebbe di migliorare la qualità collezioni eliminando materiale *scadente* per sostituirlo con altro *migliore*" l'articolo esprime una aperta denuncia: "Sembra abbastanza facile capire che cosa c'è dietro questo lavorio teorico sullo scarto: una concezione gerarchica delle biblioteche che vede da una parte le biblioteche pubbliche ridotte a biblioteche di facile consumo per il popolo, limitate a servire alle ricerche più comuni e correnti, dall'altra (e qui si ritorna al tema della fruizione negata) le biblioteche per i dotti, che a questo punto saranno presumibilmente accessibili solo agli studiosi che ne sono degni in base alle lettere di presentazione che hanno e a come il bibliotecario valuterà i loro studi". E ben esprime il paradosso: "Continua a stupirmi che queste posizioni vengano prese sul serio. Basti pensare che un libro di contenuto antiquato può essere ricercato proprio per questo motivo, cioè per vedere come funzionavano i computer negli anni '70 o com'era la medici-

---

35 Carlo Carotti, *Gli acquisti in biblioteca*, Bibliografica, Milano, 1989.

na degli anni '20: e infatti sulle bancarelle si trovano libri di questo genere, e a volte anche avvisi che avvertono che si cercano proprio libri così,
e se le bancarelle li cercano è perché pensano di poterli vendere. Le persone interessate a quelle pubblicazioni quindi possono comprarsele se
hanno i soldi, ma non trovarle nelle normali biblioteche pubbliche, che
li avranno nel frattempo scartati!".

Un paradosso ancor più potente nelle sue significanze qualora si faccia mente locale sul fatto che fautore d'uno scarto, che non ha uguali in
roghi di libri che la storia rammenta, sia proprio il direttore reggente negli anni Ottanta di uno degli *esagoni*, visibili e visitabili dalla comune
umanità, che conserva tra le sue mura un consistente numero di oggetti
fisici, libri ed altri documenti cartacei, che implementano una parte,
seppure infinitesimale, della *Biblioteca di Babele*. Guardando poi la produzione libraria del personaggio cui qui si fa riferimento, ad essere *me-
schini* – diciamolo pure, – mal si comprende cosa significhino i concetti
di libro *utile* e di libro *inutile*. Facciamo qualche esempio. Nel 1978, l'editore milanese Ottaviano ha pubblicato di Carlo Carotti nella collana
Critica e Lotta il libro *Il manifesto: 1969-1971. Saggio bibliografico*, un testo di
159 pagine riguardante il periodico comunista fondato dalla componen-
te più a sinistra del PCI, quando usciva per le Edizioni Dedalo come rivista politica mensile diretta da Lucio Magri e Rossana Rossanda, nel
periodo, cioè, dal primo numero, pubblicato il 23 giugno 1969, al momento in cui fu trasformato in quotidiano, il 28 aprile 1971. Aggiungiamo i due libri pubblicati da Lampi di Stampa *Saggi, sguardi e testimonianze
sui socialisti a Milano dal 1891 al 2000*, pubblicato nel 2014, e *Le donne, la
famiglia, il lavoro nel cinema di Pietro Germi*, pubblicato nel 2011. Qual è l'*u-
tilità* o l'*inutilità* di questi libri? Difficile rispondere in assoluto. Più correttamente ci si può interrogare in termini di *utile per chi* e *inutile per chi*. È
evidente allora che si ragiona non in termini di umanità in quanto tale,
ma di ceto sociale, quando non di censo. Come osserva l'autore del post
citato in precedenza, così si spiega il *complotto* che c'è dietro il lavoro
teorico sullo scarto. Per l'utenza di un piccolo comune, magari di campagna, va bene una biblioteca *nazional-popolare* per dirla, non tanto con
Antonio Gramsci, quanto piuttosto con l'analogia dei programmi televisivi alla Pippo Baudo di Rai1.

Qualcuno forse dovrebbe spiegare sinceramente l'idea balzana dello scarto perché, come osserva ancora l'autore del post citato, una risposta va data: "Mi pare evidente che un libro antiquato crea problemi in biblioteca se la sua presenza impedisce di aggiornare la raccolta con altri libri più aggiornati, non crea problemi in sé: chi non è interessato si limiterà a non consultarlo. Perché mai bisogna togliere il libro anche a chi è interessato?". Forse la sola risposta è quella banale, suggerita dal pensar male: per favorire la lobby della grande editoria. Del resto, a ben leggere le indicazioni relative alla pratica SR SMUSI, non mancano elementi che possono sollevare il dubbio dell'esistenza in esse di contraddizioni. Ad esempio, nonostante la perentorietà attribuita ai criteri, nella esplicazione dell'uso degli stessi si dice (generalizzo l'esempio che viene fatto nel testo dell'applicazione di un determinato criterio formulato per una classe) che "è possibile l'eliminazione di tutti i libri di questa classe che sono stati pubblicati da più di *tot* anni; dei quali l'ultimo prestito risale a più di *tot* anni; che presentano uno o più fattori SMUSI". Attenzione: si dice "è possibile", anche se si fa finta di non vedere; il che significa che l'eliminazione si può non farla in assenza di una necessità impellente o anche non farla proprio. Qualcuno, poi, dovrebbe spiegare perché i bibliotecari, secondo le indicazioni, sono fruitori particolari e privilegiati. Per la loro funzione? Nei criteri applicativi della metodologia SR SMUSI, relativamente alla classe Dewey 020, quella relativa alla biblioteconomia, si dà sì una regola, 10/3/SMUSI, ma si aggiunge: "È preferibile evitare lo scarto creando uno scaffale del bibliotecario". Suona quasi come una rivendicazione sindacale.

La Regione Lombardia, già con il piano triennale 1998-2000 promuoveva interventi finalizzati allo svecchiamento delle raccolte documentarie di pubblica lettura nella misura del 5% annuo del posseduto di ciascuna biblioteca. Per l'operazione, fatta passare per *rinnovamento qualitativo*, l'amministrazione regionale riservava alle biblioteche, che si mostravano attente ai processi di riqualificazione delle proprie collezioni, una quota delle risorse destinate all'incremento del patrimonio librario. Nel successivo piano triennale 2001-2003, la Regione rafforzava l'iniziativa individuando il cosiddetto rinnovamento qualitativo e l'incremento del patrimonio documentario come una priorità del programma di sviluppo pluriennale, ribadendo la necessità di attivare operazioni periodiche di revisione con interventi di scarto nella misura del 5% annuo del fondo moderno posseduto. La novità contenuta nel piano era che i progetti di revisione del patrimonio bibliotecario, corredati da un programma di reintegro assimilato per valore e quantità alla lista dei documenti sdemanializzati e scartati, venivano finanziati per il 50% direttamente dal documento di programmazione regionale, con l'assegnazione di contributi economici a trasferimento. In buona sostanza l'ambito politico regionale garantiva con risorse regionali e dei comuni che aderivano all'iniziativa di revisione del patrimonio, con denaro pubblico cioè, una consistente spesa finalizzata all'acquisto di nuovi libri, che con tutta evidenza rappresentava una manna dal cielo per l'editoria nazionale.

Mettetevi nei panni di un sindaco di un piccolo comune con scarse risorse per finanziare l'incremento o il solo aggiornamento delle raccolte del suo fiore all'occhiello culturale, la piccola biblioteca di pubblica lettura realizzata, da qualche predecessore, in una stanza del municipio con l'aiuto di volontari, integrando quando è stato possibile con fondi comunali lasciti librari e donazioni di privati. L'offerta della Regione non poteva che essere salutata come un'opportunità di arricchire la propria immagine come amministratore attento alla cultura... fa nulla se una parte del patrimonio librario messo a fatica insieme finisce così, senz'altra motivazione, al macero. È quello che è successo in alcuni piccoli comuni, in alcuni casi generando una polemica tra la popolazione finita sulle pagine di giornali locali. Per citare un caso, non facendo nomi per *carità cristiana*, in un piccolo paese di campagna, tra i primi a dotarsi all'inizio degli anni Settanta di una biblioteca, sono stati eliminati dall'addetto al servizio, un volontario seppure retribuito con una paghetta, alcuni interessanti documenti, forse unici nella bassa Lombardia, come un opuscolo pubblicato dagli operai del Siderurgico di Porto Marghera, per dirne uno, capitato in biblioteca assieme ad altre carte delle lotte operaie degli anni Settanta nel Milanese; e ancora libri che raccoglievano testimonianze della partecipazione di uomini e donne alla Resistenza. Stessa fine sembrerebbe aver fatto una raccolta di libretti d'opera, testimonianza di rappresentazioni al Teatro alla Scala della prima metà del Novecento, che oltretutto erano un documento della vita culturale locale delle famiglie di proprietari e fittavoli benestanti. Per non dire, poi, di moltissimi libri di letteratura popolare, sempre della prima metà del Novecento e degli anni Cinquanta, tolti dagli scaffali e mandati al macero, nonostante rappresentassero, per la modalità della loro acquisizione attraverso donazioni, uno spaccato delle letture e della diffusione locale della lettura nel periodo tra le due guerre mondiali. E tutto questo per arrivare al paradosso di sostituire anche alcune prime edizioni, cartonate ed ancora in buono stato di conservazione, con edizioni Oscar Mondadori equivalenti.

Per sostenere la propria azione di *purificazione* delle raccolte librarie la *setta carottiana* dello scarto si fa forte di conferme di moderne entità ritenute universalmente autorevoli ma soprattutto estranee alla nostra cultura millenaria, preservata dalla distruzione dal lavoro certosino dei monaci nel periodo più oscuro del Medioevo. Così in un documento[36] pubblicato da *Biblioteche Oggi*, mensile di informazione, aggiornamento e dibattito della Editrice Bibliografica, si trovano precisi riferimenti a sostegno delle tesi di svecchiamento delle raccolte delle biblioteche di pubblica lettura proposte e sostenute a seguito dell'offerta di risorse economiche stanziate allo scopo, attuata col piano triennale regionale lombardo. Nella prima tavola, in cui si riassumono le fonti e i principi, si parte citando il *Manifesto* UNESCO del 1994, assolutizzando, estrapolando dal contesto, così: "I materiali devono riflettere gli orientamenti attuali e l'evoluzione della società (…)". La frase completa diceva: "I materiali devono riflettere gli orientamenti attuali e l'evoluzione della società, così come la memoria dell'immaginazione e degli sforzi dell'uomo". Trascurando naturalmente altre proposizioni che evocano altri scenari. Ad esempio: "La biblioteca pubblica è il centro informativo locale che rende prontamente disponibile per i suoi utenti ogni genere di conoscenza e informazione". Cioè anche il genere ritenuto dai *carottiani* obsoleto. O ancora i periodi che precedono la frase estrapolata: "Ogni fascia d'età deve trovare materiale rispondente ai propri bisogni. Le raccolte e i servizi devono comprendere tutti i generi appropriati di mezzi e nuove tecnologie, così come i materiali tradizionali. L'alta qualità e la rispondenza

---

36 Sergio Staffiere, *La revisione coordinata*, in *Biblioteche Oggi*, fasc.: 2003, n. 5. L'articolo porta come sommario: *Nei sistemi bibliotecari della provincia di Como efficaci strategie per lo svecchiamento delle collezioni*. Dello stesso autore, la rivista ha pubblicato altri due articoli sempre sullo stesso tema: *La revisione possibile* (Fasc.: 1998, n. 5) e *La revisione coordinata del patrimonio librario* (Fasc.: 2001, n. 2). Come si noterà dalle date l'autore si fa megafono dei programmi di scarto bibliotecario ad ogni piano triennale lombardo a partire da quello 1998-2000.

ai bisogni e alle condizioni locali sono fondamentali". O quello importantissimo ed eloquente che segue la citazione: "Le raccolte e i servizi non devono essere soggetti ad alcun tipo di censura ideologica, politica o religiosa, né a pressioni commerciali". Davvero curioso che solo raramente, negli ambienti degli addetti ai lavori, si mettano in guardia gli operatori dalle avance delle lobby editoriali, mentre si arrivi a propagandare incessantemente come atto virtuoso la distruzione della metà del patrimonio librario di una biblioteca di pubblica lettura in dieci anni. Il *Manifesto* UNESCO dice anche nel preambolo: "La partecipazione costruttiva e lo sviluppo della democrazia dipendono da un'istruzione soddisfacente, così come da un accesso libero e senza limitazioni alla conoscenza, al pensiero, alla cultura e all'informazione. La biblioteca pubblica, via di accesso locale alla conoscenza, costituisce una condizione essenziale per l'apprendimento permanente, l'indipendenza nelle decisioni, lo sviluppo culturale dell'individuo e dei gruppi sociali". Manipolare con tre dei cinque criteri SMUSI, quelli come detto del tutto arbitrari, l'importanza di un testo, o ponendo limiti di tempo legati all'anno di pubblicazione e alla consultazione di un libro, costituisce nei termini del Manifesto un attentato palese alla "partecipazione costruttiva" e allo "sviluppo della democrazia", *senza se e senza ma*, com'è di moda dire oggi.

Ma rivediamoli, questa volta nel dettaglio, i tre criteri SMUSI che il buonsenso contesta. Il criterio S innanzitutto, dove "S" sta per "Informazione Scorretta: dal punto di vista scientifico, tecnologico e culturale". Anche ad una lettura distratta appare subito evidente che proporre un tale criterio come motivo di scarto significa affermare che l'umanità non impara mai dalla sua storia. La vicenda di Galileo Galilei e del suo *Il Dialogo sopra i due massimi sistemi del mondo* non ha davvero insegnato nulla. Nella lettera del cardinale Bellarmino consegnata al Galilei non si diceva forse "Si contiene che la dottrina attribuita al Copernico, che la terra si muova intorno al sole e che il sole stia nel centro del mondo senza muoversi da oriente ad occidente, sia contraria alle Sacre Scritture, e però non si possa difendere né tenere"? Un'affermazione di *eresia* che avrebbe fatto scattare in qualunque biblioteca di pubblica lettura il criterio "S" e dunque mandato al macero il libro mantenendo la popolazione all'oscuro della validità della teoria copernicana rispetto a quella tolemaica sostenuta dal potere. Allora era la Congregazione del Santo Uffizio a decidere e ad emettere la sentenza ben dieci cardinali, oggi basta un qualunque bibliotecario, non si sa quanto ferrato nelle diverse discipline della scienza, della tecnologia e della storia e degli sviluppi culturali della comunità mondiale.

Il criterio M, che recita: "Documento Mediocre: scarso livello di approfondimento degli argomenti, paternità intellettuale, artistica o editoriale poco autorevole, assenza di efficaci apparati di consultazione, design superato, elementi strutturali e bibliologici scadenti", non dà meno sconcerto. Non solo il "livello di approfondimento degli argomenti" è un parametro del tutto arbitrario, ma come poi lo si possa valutare scarso è tutto da spiegare: qual è il metro di misura, quale il metodo di misurazione, quale il riferimento: ad un pubblico di fruitori premi nobel o popolani che hanno concluso la quinta elementare. Ma poi un qualunque documento può davvero essere giudicato mediocre? Perché la paternità intellettuale o artistica è poco autorevole? E chi la giudica? Forse perché non si è mai visto l'autore protagonista in qualche talk show televisivo o programma di moda, o citato in una cronaca culturale compiacente, o non si è letto il suo nome o un suo scritto su media servili che si spacciano come opinione pubblica predominante? Questi sono criteri, con cui, per inciso, è costruita Wikipedia italiana, di chi, con orizzonti culturali limitati, s'adegua alla visione corrente di società, che stabilisce ruoli e compiti precisi ad ognuno, in genere sulla base del censo e di qualche conseguente foglio di carta, con cui si infarciscono i curricula, e spesso poi, sulla base della tessera che ha in tasca, e chi ne è privo di una qualunque è decisamente fuori. E poi cosa significa paternità editoriale poco autorevole? Che solo la grande editoria ha il diritto di trovare posto sugli scaffali di una biblioteca di pubblica lettura? E i piccoli editori, che faticano a trovar spazio in libreria, ma che spesso sono un veicolo di progresso culturale con i loro libri, molto più ampio ed efficace del contributo dato dalle grandi case editrici, ormai guidate prevalentemente da regole di marketing e di controllo di gestione? Poco autorevoli? E le autoedizioni? Poco autorevoli anch'esse? Quanti grandi della letteratura sono stati agli inizi editori di se stessi? Lo si è dimenticato?

E ancora, "assenza di efficaci apparati di consultazione", "design superato", "elementi strutturali e bibliologici scadenti": di cosa stiamo parlando? Del contenuto vero e proprio del libro o del suo *apparato commerciale*? Si comprende il fascino che possono suscitare pagine come quelle di Costanza Masi[37] sul piacere del libro:

> Pensiamo al solo piacere fisico di sfogliare le pagine di un libro, toccando con mano è facile percepire la differenza tra i diversi tipi di carta sotto i polpastrelli (la carta si differenzia anche per il diverso peso e rispettiva unità di misura: la grammatura), così come agli occhi si mostra la cura riservata all'impaginazione. Il vedere le righe allineate l'una dopo l'altra, il piacere di orientarsi in un carattere di chiara leggibilità o strizzare occhi e meningi per intrufolarsi fra gli spazi bianchi e neri di una pagina. E siamo inevitabilmente colpiti dall'estetica del libro, da quella confezione che gli viene data sul mercato (copertina, eventuale sovraccoperta, edizione in cofanetto etc.).
>
> Leggiamo il retro di copertina e una breve presentazione dell'autore, per farci un'idea di cosa ci aspetta una volta varcata la soglia. Così come possiamo essere interessati a un suo aspetto più funzionale e quindi la praticità della presenza di apparati di consultazione, appendici, indice tematici e dei termini (sarà prerogativa della cosiddetta non-fiction curare soprattutto questo aspetto).

Rendiamoci conto che qui stiamo parlando più precisamente di un prodotto editoriale. Non a caso il discorso prosegue:

> Non ultimo quell'intrecciarsi di cultura ed economia che abbiamo visto essere una caratteristica della natura del libro: dal rapporto pagine/prezzo, che si va a inserire in quel delicato lavoro di mediazione che fa l'editore e rappresenta un elemento che ci aiuta a individuare la fascia di pubblico a cui si rivolge; alla gratificazione personale che ognuno di noi trova nella lettura, secondo le proprie inclinazioni e il proprio vissuto. Il piacere di condividere gli stessi valori di uno scrittore, che con così tanta cura e attenzione riesce a dirci quello che noi altrimenti a parole non sapremmo mai, o l'inattesa scoperta di punti di vista nuovi, di luoghi reali o fantastici dove solo il libro è capace di guidarci.

Tutto perfettamente bello e, se volete, vero dal punto di vista del marketing, ma una biblioteca di pubblica lettura non è comunque una libreria. Ed il bibliotecario un libraio che deve sbarcare il lunario.

---

37 *Cfr.* Costanza Masi, *Il libro, istruzioni per l'uso.* Zoom Accademy Feltrinelli Editore, e-book.

E siamo al terzo dei criteri criticati, anch'esso una S che sta per: "Informazione Superata: senescenza scientifica, tecnologica e/o culturale degli argomenti trattati, degli strumenti e delle metodologie utilizzate, nonché delle soluzioni proposte". Si lega, per logica, al primo dei criteri ricordati, e per esso valgono le stesse cose dette. Qui addirittura si millanta nel bibliotecario una ancor più grande conoscenza dello scibile umano, tale da valutare l'effettiva senescenza – si presti bene attenzione alle parole – "degli argomenti trattati, degli strumenti e delle metodologie utilizzate" e – avete letto bene – "delle soluzioni proposte". Qualcuno, però, dovrebbe spiegare al volgo, almeno, cosa significhi "senescenza degli argomenti trattati". Naturalmente senza cadere nel ridicolo.

C'è una contraddizione di fondo, a ben guardare, tra la visione dei seguaci dello scarto nei termini più drastici descritti ed i presupposti su cui si fonda il cosiddetto diritto d'autore o, meglio, la protezione del copyright, sostenuta con forza, lobbisticamente, dalle multinazionali del tempo libero. Fissare la scadenza del godimento dei diritti commerciali a 70 anni dopo la morte dell'autore, come fa la normativa italiana, o a 95 come fa quella americana, significa attribuire ad un libro o ad altro prodotto culturale un valore ed un interesse commerciale vivo nel mercato per tutto quel periodo di tempo, un periodo lunghissimo di almeno di tre quarti di secolo o di un secolo, a seconda del paese. Come si può, dunque, prendere in considerazione per lo scarto di un documento librario un tempo di dieci, quando non cinque, anni dalla pubblicazione, come si propone per l'implementazione relativa a molte classi Dewey dello schema SR di Carotti, tanto messianicamente reclamizzato da queste parti? Uno stesso libro potrebbe avere per ragioni di mercato ripetute edizioni, con conseguente interesse dell'utenza, ciascuna a distanza di un periodo superiore al tempo fissato dalla regola SR. Questo potrebbe significare scartarlo per poi ricomprarlo, e scartarlo per poi ricomprarlo ancora, e così via, una idiozia pagata con i soldi di Pantalone. *Something is rotten in the state of Denmark*, c'è del marcio, dunque, in Danimarca, per citare l'Amleto di Shakespeare: o nella legislazione a protezione del copyright o nelle indicazioni circa lo svecchiamento delle raccolte delle biblioteche di pubblica lettura (o, ovviamente, in entrambi i casi).

Sono così tornato a parlare di copyright e della sua protezione. A qualcuno sarà capitato facendo una ricerca in Internet, col motore di ricerca Google di leggere una frase simile: *"A seguito di un reclamo ricevuto ai sensi del Digital Millennium Copyright Act (Legge statunitense sul copyright), abbiamo rimosso 1 risultati da questa pagina. Se lo desideri, puoi leggere il reclamo DMCA che ha portato alla rimozione all'indirizzo LumenDatabase.org"*. Cosa significa l'informazione così fornita? Significa che a Google è stato inoltrato un reclamo per la rimozione dalla pagina, che presenta i risultati di una determinata ricerca, di link relativi a siti che permettono la fruizione di prodotti in violazione del diritto d'autore sulla base della legge americana sul copyright. Difficile che questo succeda per un libro, più facilmente riguarda musica o film. È questo, ad esempio, il caso della serie Gomorra, di cui riporto un relativo reclamo di violazione (e tra parentesi la sua traduzione):

I hereby inform you that the below listed servers operate in the manner prohibited by law, specifically to promote and broadcast illegal video material, including films that are licensed for Poland by ITI Neovision S.A. At this time, the below listed links are available for access through the Google Search Engine [Vi informo con la presente che i server sotto elencati operano in modo proibito dalla legge, in particolare per reclamizzare e distribuire materiale video illegale, inclusi film che sono autorizzati per la Polonia da ITI Neovision S.A. Al momento i link elencati sotto forniscono l'accesso attraverso il Motore di Ricerca Google].

The reason for submitting this web form is that we would like Google to remove all the below links from Google's SERP. All the below listed URLs contain either copyrighted video, copyrighted graphics (movie cover or poster), or both, of the Gomorra movie [La motivazione per l'inoltro di questo modulo web è che gradiremmo che Google rimuovesse i link sottostanti dalla SERP (*Search Engine Results Page*, ovvero pagina dei risultati del motore di ricerca) di Google. Tutte le URL elencate sotto contengono o filmati protetti dal diritto d'autore, grafica protetta (locandine di film o manifesti), o entrambi, del film Gomorra].

Please note that some of the websites require you to either register, watch ads or pay a fee prior to playing the movie. Even though a few of the below listed web sites redirect you elsewhere upon clicking on the movie Play button, they still do present the copyrighted material on their web pages and thus promote and distribute illegal content to which ITI Neovision SA holds copyright or related rights on the territory of Poland [Si fa notare che alcuni dei siti web richiedono o di registrarsi, di guardare spot pubblicitari, o di effettuare un pagamento prima di vedere il film. Anche se alcuni dei siti web sotto elencati reindirizzano altrove cliccando sul pulsante Movie Play, essi tuttavia offrono il materiale protetto sulle loro pagine web e perciò promuovono e distribuiscono i contenuti illegali di cui ITI Neovision SA detiene il copyright o i diritti relativi nel territorio della Polonia].

Cosa succede dopo la presentazione di un reclamo di tal tipo ritenuto legittimo? Semplicemente Google provvede a eliminare dalla SERP il link corrispondente alle pagine incriminate sostituendolo con la comunicazione sopra riportata. In essa, per trasparenza, c'è il link alla copia integrale del reclamo memorizzata sul server di LumenDatabase.org.

Lumen è un progetto del Berkman Klein Center for Internet & Society che ha sede presso l'Università di Harvard. Precisamente è un progetto di ricerca di terzi che studia le lettere di diffida riguardanti i contenuti online. Raccoglie ed analizza le richieste di rimozione di materiali dal web, con la finalità di educare il pubblico, di facilitare la ricerca sui diversi generi di denunce e di richieste di rimozione – sia legittime che dubbie – che vengono inviate agli editori su Internet e ai fornitori di servizi, e di fornire la massima trasparenza possibile sull'*ecologia* di tali comunicazioni, in termini di chi lo manda a chi e perché, e con quali risultati. Il database di Lumen contiene milioni di tali avvisi, alcuni di essi aventi valide basi legali, altri privi di qualunque fondamento legale e altri ancora che posizionano il contenzioso sulla torbida linea di confine. Lumen, comunque, tiene sempre a precisare il suo ruolo strettamente informativo: l'inserimento nel database di una richiesta di rimozione presentata non significa assolutamente un giudizio di merito relativo ad una delle tre possibilità che sono state indicate, né un'autenticazione della sua provenienza e neppure un esprimere un qualunque giudizio sulla validità delle rivendicazioni sollevate. Al progetto oggi partecipano Electronic Frontier Foundation, supportata nel suo lavoro in Lumen dalla San Francisco Foundation, USF Law School - IIP Justice Project e UC Berkeley – Samuelson Law, Technology, & Public Policy Clinic. Inoltre hanno collaborato nel tempo numerose altre istituzioni ed università degli Stati Uniti.

Abbiamo detto che il contenuto del reclamo viene per trasparenza pubblicato nel database di Lumen nella sua interezza. Ad esempio, al testo della richiesta di rimozione riguardante il film Gomorra riportata sopra come esempio, seguono nella scheda del database i link che Google a provveduto ad eliminare dalla SERP del suo motore di ricerca. Naturalmente nel documento memorizzato nel database, i link sono riportati come testo, non nel formato HTML: non sono cioè direttamente *funzionanti*. Ma tant'è... Già perché l'operazione non mira a togliere da Internet la possibilità di usufruire della copia pirata del video, cosa senza forse impossibile, quanto piuttosto eliminare il modo più comune ed utilizzato dai profani per trovare la pagina da dove è possibile o vedere il video o scaricarlo sul proprio computer: il motore di ricerca Google. Insomma, i detentori del copyright o le agenzie che li rappresentano, non riuscendo proprio a sconfiggere il nemico, quella cioè che chiamano pirateria informatica, con rassegnazione provano almeno ad avvelenare i pozzi, cioè a tentare mezzi e metodi di resistenza in grado, quantomeno, di rallentare l'avvento di un mondo senza copyright.

Già Umberto Eco nel 1981, nel suo *De Bibliotheca*, scriveva: "La xerociviltà, che è la civiltà della fotocopia, porta con sé, insieme a tutte le comodità che la fotocopia comporta, una serie di gravi inconvenienti per il mondo editoriale, anche dal punto di vista legale. La xerociviltà comporta innanzitutto il crollo del concetto di diritto d'autore". E Internet in Italia non c'era ancora. Solo il 30 aprile 1986 alcuni ricercatori si sarebbero collegati dal CNUCE[38] di Pisa via satellite, per la prima volta, alla rete ARPANET, creando così il primo nodo italiano. La connessione con le stazioni sulla costa occidentale degli Stati Uniti e da lì alla rete ARPANET, progenitrice di Internet, fino alle università e centri di ricerca americani, fu realizzata tramite un'antenna parabolica di 30 metri di diametro situata presso la stazione di Telespazio del Fucino e servendosi della rete intermediaria SATNET (SATellite NETwork).

Per Eco sono le stesse biblioteche a misura d'uomo a favorire la xerociviltà: in esse "vi sono decine e decine di macchine per fotocopie, se uno va al servizio apposito dove si spende meno e si lascia giù il libro per averlo fotocopiato, il giorno in cui si chiede di avere un libro completo fotocopiato, il bibliotecario dice che non è possibile perché è con-

---

38 Il CNUCE, acronimo che sta per Centro Nazionale Universitario di Calcolo Elettronico, nacque nell'ambito della Università di Pisa nel 1964, quale centro di calcolo nazionale per ricercatori universitari e del CNR, divenendo nel 1974 un Istituto del CNR.

tro la legge sui diritti d'autore. Ma se si ha un numero sufficiente di monetine e si fotocopia il libro da soli, nessuno dice niente". E subito anche aggiunge: "Si può prendere il libro a prestito, e lo si porta fuori in certe cooperative studentesche che fanno fotocopie su carta coi tre buchi in modo da poterlo poi inserire in raccoglitori. Anche in queste cooperative talora vi dicono che non vi fotocopiano un libro intero", e ricorda di aver avuto questo problema con dei suoi studenti che si erano lamentati del rifiuto di una cooperativa di fare trenta copie di un libro: "Loro [la copisteria] si rifiutano di fotocopiarlo perché c'è scritto che il libro è sotto diritti". Un'eccezione più che la regola sembra di capire dalle parole di Eco, ma comunque la soluzione c'era ed è lo stesso Eco a suggerirla ai suoi studenti: "Benissimo — dico — fate fare una fotocopia, poi riportate il libro in biblioteca, poi richiedete di fare ventinove copie di una fotocopia: una fotocopia non è sotto i diritti... Infatti ventinove copie di una fotocopia chiunque le fa".

L'avvento della xerociviltà, per Eco, già negli anni Settanta e Ottanta aveva ormai influito sulla politica delle case editrici. Scrive: "Tutte le case editrici di tipo scientifico ormai pubblicano i libri sapendo che saranno fotocopiati. Quindi i libri vengono pubblicati in non più di mille, duemila copie, costano centocinquanta dollari, saranno comprati dalle biblioteche, dopo di che gli altri li fotocopieranno". L'attuale processo di fotocopiatura fu introdotto dalla Xerox Corporation, negli anni sessanta, nell'arco di venti anni aveva progressivamente reso obsolete le varie tecniche di duplicazione in uso: con carta carbone, ciclostile e altri processi. Il successo dell'innovazione tecnologica fu rapido e non dovuto solamente al basso costo, ma a quella che Eco chiama "nevrosi da fotocopia": "La fotocopia è uno strumento di estrema utilità, ma molte volte costituisce anche un alibi intellettuale: cioè uno, uscendo dalla biblioteca con un fascio di fotocopie, ha la certezza che non potrà di solito mai leggerle tutte, non potrà neanche poi ritrovarle perché incominciano a confondersi tra di loro, ma ha la sensazione di essersi impadronito del contenuto di quei libri". Oggi con il diffondersi di Internet e la possibilità di acquisire documenti in formato digitale praticamente a costo zero, nonché di poter stampare in casa a bassissimo costo loro porzioni se necessario, l'effetto descritto da Eco è enormemente moltiplicato. Siamo al crepuscolo della grande editoria commerciale miope, che difende con le unghie e con i denti diritti, da loro inventati, inesistenti sui contenuti, sfruttando la colpevole inconsapevolezza ancora del grande pubblico cui si rivolgono, non in grado di distinguere la differenza tra l'oggetto fisico, il contenitore realizzato, ed il suo contenuto. Una grande editoria che non protegge la funzione di progresso che può avere il contenuto di un libro, ma anzi che nega spesso, togliendolo dal mercato se ritenuto o mostratosi incapace di dar ulteriore profitto magari per un marketing plan sbagliato, la possibilità ai contemporanei di conoscere quel contenuto – per molto più di settant'anni – grazie alla favola così ben raccontata del diritto d'autore. C'è, dunque, chi è rimasto con un orizzonte poco più in là del suo naso e chi ha compreso la sua reale prospettiva, come nell'esempio fatto da Eco delle "grandi case editrici olandesi di linguistica, filosofia, fisica nucleare", che "ormai fanno un libro di centocinquanta pagine che costa cinquanta sessanta dollari, un libro di trecento pagine può costare duecento dollari, viene venduto al circolo delle grandi biblioteche, dopo di che l'editore sa per certo che tutti gli studenti e gli studiosi lavoreranno soltanto su fotocopie".

"Quale garanzia ha allora l'editore che il suo libro in futuro venga comperato e non fotocopiato?", si chiedeva Eco, proseguendo la sua disamina della questione. L'ovvia risposta, allora, che il prezzo del libro fosse inferiore a quello della fotocopia: "Siccome si può fotocopiare a spazio ridotto due pagine su un solo foglio e ormai, fotocopiando su fogli a tre buchi, si può immediatamente avere il libro rilegato, il problema dell'editore è quindi di stampare come vendibili, non alle sole biblioteche ma al pubblico, libri di bassissimo costo, quindi su carta molto cattiva che, secondo gli studi fatti negli ultimi anni, è destinata a friabilizzarsi e a dissolversi entro alcune decine d'anni". E citava ad esempio i Gallimard[39] pubblicati nel 1950, che "si sbriciolano quando li si sfoglia oggi, sembrano pane azzimo".

Nel suo *De Bibliotheca* Eco concludeva la questione sottolineando il fatto che essa portava ad un altro problema e, cioè, ad una rigorosa selezione fatta dall'alto di chi sopravviverà e di chi finirà nel dimenticatoio. Per Eco, "quelli che pubblicheranno nei libri dei grandi editori inter-

---

39 *Les Éditions Gallimard* è una tra le case editrici francesi più importanti. Fu fondata a Parigi il 31 maggio 1911 da Gaston Gallimard con il nome di *Les Éditions de la Nouvelle revue française* (NRF).

nazionali che mirano solo al circuito delle biblioteche e che costano duecento o trecento dollari stamperanno su carta che ha possibilità di sopravvivere all'interno delle biblioteche e di moltiplicarsi in fotocopie, quelli che pubblicheranno solo da editori che vendono al grosso pubblico, tendendo quindi all'edizione economica, sono destinati a scomparire nella memoria dei posteri". Una eventualità, quella profetizzata, che la tecnologia digitale successiva ha scongiurato. Anche il self-publishing ed il print-on-demand, offerto in rete da diversi editori e stampatori, guardando con altra ottica, stanno concretizzando, per così dire, degli *esagoni* della *Biblioteca* universale, un patrimonio digitale fruibile anche dalle future generazioni, come pure gli archivi online di diverse organizzazioni, ad esempio *Internet Archive*, che rendono disponibili a tutti milioni di documenti.

Credo che sulle questioni affrontate in questo opuscolo, si sia detto a sufficienza per il lettore attento e aperto. M'avvio, dunque, a concludere tornando ancora sul racconto pubblicato da Borges ed usandolo metaforicamente per chiarire in modo preciso e definitivo la funzione, il ruolo che un *autore* si attribuisce in questo mondo.

In un passo del racconto si legge: "La certezza che un qualche scaffale d'un qualche esagono celava libri preziosi e che questi libri preziosi erano inaccessibili, parve quasi intollerabile. Una setta blasfema suggerì che s'interrompessero le ricerche e che tutti gli uomini si dessero a mescolare lettere e simboli, fino a costruire, per un improbabile dono del caso, questi libri canonici. Le autorità si videro obbligate a promulgare ordinanze severe. La setta sparì, ma nella mia fanciullezza ho visto vecchi uomini che lungamente s'occultavano nelle latrine, con dischetti di metallo in un bossolo proibito, e debolmente rimediavano al divino disordine". Come interpretarlo, cosa si raffigura in quella setta? Nel racconto di Borges, la *Biblioteca*, nei suoi esagoni, contiene tutti i libri possibili; nella sua particolare ricerca la setta propone un approccio diverso alla ricerca metodica esagono dopo esagono: la ricostruzione dei libri canonici cercati mescolando lettere e simboli. Cosa suggerisce tutto ciò? La nostra *Biblioteca di Babele*, reale, concreta – è stato detto e ripetuto – è l'insieme dei numeri naturali: i suoi elementi, i numeri, rappresentano ciascuno un testo per la particolare chiave di lettura, la codifica scelta per rappresentare le lettere dell'alfabeto, gli spazi, i segni ortografici, gli altri simboli usati nella scrittura. L'insieme contiene i libri e gli altri documenti testuali che sono contenuti in tutte le biblioteche del mondo, tutti. Contiene quelli che ancora non sono stati scritti, quelli che mai saranno scritti. Contiene i quaderni di poesie che avete riposto e dimenticato in un cassetto, le vostre lettere, i vostri temi di scuola, i vostri pensieri in ogni momento della giornata, le infinite vostre biografie che descrivono ciò che la vostra vita sarebbe stata se invece di girare in una via aveste scelto di proseguire. Contiene le infinite descrizioni del nostro universo che tentiamo di razionalizzare. Chiediamoci: cosa fa uno scrittore quando scrive, cosa faccio io stesso in fin dei conti scrivendo questo opuscolo? Altro non fa che mescolare lettere e simboli a formare *parole*, gruppi di lettere che combina allineandole su un foglio di carta nel tentativo di costruire uno di quei libri canonici, che chiama *suo* libro, piuttosto che cercarlo numero dopo numero nella *Biblioteca*. Uno scrittore altro non è, dunque, che uno dei membri di quella setta che nel nostro quotidiano, per dirla con la metafora di Borges, "s'occultano nelle latrine, con dischetti di metallo in un bossolo proibito, e debolmente rimediano al divino disordine".

Ritengo questa appendice utile per una miglior comprensione delle riflessioni ed argomentazioni sviluppate contenute nell'opuscolo e per una conoscenza di come sia nata tutta la riflessione sul tema. Riporto qui due miei interventi di un dialogo avuto nel forum di *Punto Informatico*[40] agli inizi degli anni Duemila, quando ancora insegnavo programmazione e linguaggi in corsi post-diploma per *Tecnico di reti* e *Progettista di Web design*. Il dialogo con il mio interlocutore, il cui nickname era *Africano*, verteva sulla questione del copyright, in particolare sui contenuti musicali e la loro riproduzione in mp3. Dalla loro lettura apparirà evidente che già allora erano sviluppate ed esposte le idee che in questo opuscolo hanno trovato miglior sistemazione e puntuale precisazione.

Intervento 1.

Africano,
capisco che ti possa sembrare impossibile realizzare un *mp3* senza partire dall'originale. Ma quello che io ho detto non è né un sogno né qualche cosa di irrealizzabile, e sbaglia anche l'amico informatico: non ci sono problemi di memoria, è solo ed esclusivamente questione di tempo. Ti ripeto, basterebbe un banale programma capace di incrementare i byte che costituiscono il file come se fosse un unico numero (cioè che trasmetta al byte successivo il riporto ogni volta che il valore del byte passa da FFh a 00h). E per verificare che sia un vero *mp3* ad ogni incremento basterebbe farlo leggere da un programma lettore di *mp3*. Se quella sequenza, quel file, ha la struttura di un *mp3* il lettore lo interpreta e ti fa sentire la musica codificata, altrimenti non fa niente altro che visualizzarti un messaggio di errore che ti dice che il file non ha un formato valido. Tutto qua. Certamente prima di trovare *Ufo Robot* c'è da farsi due palle, ma se il tempo fosse un optional non avremo problemi a

---

40 Quotidiano di Internet dal 1996: è stato il primo quotidiano italiano online di informazione su Internet, tecnologie, innovazione e next economy.

mettere in piedi una tale ricerca.

Non so se riesci a concretizzare, ma in quei numeri binari, che tu chiami brodo, c'è tutto lo scibile umano e in tutte le lingue del mondo, quello che è stato detto e scritto e quello che ancora non è stato detto né scritto, quello che è stato visto e quello che non è stato ancora visto, quello che è stato ascoltato e quello che ancora non si è udito. Lo so che queste ti possano sembrare le parole di un folle esaltato, ma, credimi, è così.

Tornando agli *mp3*, ti sei mai chiesto perché ci sia tanta mobilitazione per impedire il loro scambio, un attivismo spinto che non si riscontra invece per le immagini e per i testi? Questo avviene non perché le foto o i testi siano figli di un dio minore, ma per precisi motivi commerciali, di qualità della copia e delle possibilità della sua fruizione.

La lettura al computer per cominciare è estremamente scomoda, va bene per le notizie, per scambi di opinioni, per la comunicazione in tempo reale, per il lavoro non per il piacere. E poi bisogna avere un computer e, per non avere limiti, una presa di corrente. Ed un computer è un oggetto ingombrante, anche il più piccolo notebook. E non ha l'odore della carta, non ti dà quelle impressioni tattili che ti dà la carta e le tante altre piccole sensazioni che un libro ti regala. Romanticismi? Non credo. E poi c'è un mercato relativamente ristretto per la carta stampata che ha il suo peso, nel senso che una campagna proibizionista comunque non porterebbe grandi risultati.

Per la fotografia, oltre ad altre questioni, interviene il grosso problema della qualità, nel senso che se non hai veramente l'originale e non scambi quello, la bassa qualità di una copia compressa toglie ogni possibilità di utilizzo commerciale di qualità. La compressione ad esempio di un'immagine dal formato *bmp* in formato *jpg* comporta un prezzo espresso in perdita di qualità. Ed il processo è irreversibile.

Anche la musica, come la scrittura e la fotografia non nasce per il computer. E nessun disco potrà mai ripetere le condizioni reali di un concerto in teatro. Tuttavia la musica quotidiana ci arriva e la fruiamo attraverso apparecchiature che hanno la stessa natura del computer. La musica quotidiana è il prodotto di una riproduzione attraverso mezzi elettronici. La digitalizzazione della musica, così come la digitalizzazione dell'immagine comporta la necessità di una grande quantità di memoria. Fino a poco tempo fa questo era il limite per uno scambio di pezzi musicali. L'unica soluzione era la duplicazione del supporto. Ma poi qualcuno ha avuto l'idea geniale. La sensibilità di un apparato di registrazione è più raffinata della nostra capacità auditiva. Quando si registra, si registrano anche frequenze che il nostro orecchio non è in grado di percepire, e queste incrementano lo spazio di memoria necessario. Se si eliminano tali frequenze, si attua praticamente una compressione del file senza sostanzialmente modificare la qualità della musica riprodotta relativamente a quanto l'orecchio percepisce. Ma la compressione è tale da ridurre la dimensione del file contenente il singolo pezzo musicale ad una lunghezza che rende sufficientemente agevole e conveniente lo scambio con le attuali velocità e costi di trasmissione. Da qui la levata degli scudi da parte delle major, che non deve stupire tenendo conto che il mercato musicale, al contrario di quello librario, è un mercato molto consistente.

Quando io prelevo una traccia da un CD musicale e la trasformo in *mp3* o in un altro degli standard di compressione esistenti equivalenti, compio un'operazione del genere descritto. Il risultato finale è un file binario che ha una dimensione ridotta rispetto alla traccia musicale, tutto qua. Non c'è niente di magico in tutto questo. E per tornare all'inizio di questa annotazione anche quel file binario è una sequenza di byte che io potrei ottenere anche per altra via con modalità euristiche banali se il tempo per me fosse un optional.

Intervento 2.

Caro Africano,
ribadisco che non voglio convincere nessuno né fare proseliti per ricerche insensate. Per di più credo che abbiamo perso di vista il tema principale da cui questa discussione è nata. Nonostante ciò, per un'ultima volta permettimi di fare alcune sottolineature.

Cominciamo da una tua affermazione sulla grafica: "Guarda che questo è vero per la fotografia classica mentre sul web si ripropongono le stesse questioni". Non so che mestiere tu faccia, se sviluppi siti web e a che livello professionale li sviluppi. Comunque mi risulta che i costi per la grafica sono forse il costo più alto nella realizzazione del sito.

Quando si sviluppa un sito per un cliente seriamente, di solito gli si presenta un progetto grafico che è carta, non bit, e carta di livello fotografico e fotografie con una risoluzione più alta dei 72 pixel per inch bastante per un monitor normale. Fotografie, che se non fatte fare ad hoc da un fotografo, sono comperate tramite costosissimi cataloghi su supporto CD. C'è poi un altro aspetto, l'unicità, nel senso che generalmente si propongono fotografie e elementi grafici originali per lo meno per l'ambito di visibilità del sito. Uno potrebbe anche usare fotografie *public domain* (se hai la pazienza di cercarle in Internet le trovi anche in formato *bmp*), ma c'è il rischio che il cliente le abbia già viste, e la stessa cosa vale per le immagini *royalty free*, che vanno bene per dei prodotti di distribuzione, ma generalmente non per un sito. Però, quando ho usato delle fotografie mie per un certo numero di realizzazioni, le posso considerare bruciate, e a questo punto che senso ha intentare cause per reclamare una royalty che non paga il costo della causa. Teniamo poi conto che le foto inserite in una pagina web sono, come hai detto tu, per il web. Non sono utilizzabili per altri scopi di qualità e la stampa (tipograficamente seria). Non è così con la musica per i motivi che ho detto altrove. Ah, ancora una cosa sulle fotografie, le uniche che pagano sul web sono quelle pornografiche, se il tuo discorso si riferiva a quelle... Anche se dubito che anche in questo caso per ovvi motivi qualcuno intenti una causa. C'era stata qualche tempo fa una levata di scudi da parte delle naked star, che non volevano essere considerate porno star, per la pubblicazione di loro foto osé in siti di "malaffare", ma mi sembra che tutto sia finito lì, in fin dei conti era ed è pubblicità gratuita.

Parlando invece del mercato librario, mi riferivo implicitamente a quello di letteratura. Lasciando da parte fenomeni di isterismo letterario collettivo come i libri del maghetto inglese, un autore non può pensare di campare sui proventi letterari. Molto spesso anche i numeri forniti dalle case editrici non sono la fotografia di una situazione reale. Per esempio, non sono rare presentazioni di un libro con pranzo o cena a pagamento e il libro poi viene offerto in omaggio, ma incluso nel numero dei venduti. Per non dire poi dei libri di poesia che non hanno assolutamente mercato.

E veniamo al nostro discorso sull'onnipotenza. ☺

Puntualizziamo, innanzitutto, che ci siamo allontanati di un bel po' dal problema iniziale. L'idea era quella di dimostrare l'infondatezza di certe pretese. Va però detto che così facendo ci siamo scordati di dire che quello di cui si discute, gli *mp3*, non sono per niente il prodotto che le major ci vendono nei loro CD musicali. Sono un'altra cosa, una sorta di fotocopia che però, per i motivi detti altrove, riproduce "troppo" bene l'originale. E che questo e solo questo è il motivo della caccia alle streghe su Internet. È una guerra non a copie dell'originale ma a una sorta di fotocopie dell'originale.

Diciamo poi che ci sono altri standard di compressione equivalenti a *mp3*, e per quanto ho potuto constatarlo di persona almeno uno forse addirittura migliore, se dire questo ha un senso. Ma di guerra a questi non si sentono notizie. Perché? Le risposte ci sono. E potrebbero essere un buon argomento di discussione. Ma torniamo invece all'onnipotenza.

Ciò che importa è concretizzare che quel brodo primordiale binario rappresenta, per quanto sia incredibile, tutto il nostro sapere. Fatto questo, cavarci fuori qualcosa, senza essere Dio che, se non gioca a dadi, come diceva Einstein, certamente non ha tempo per le nostre umane sciocchezze binarie, è solo questione di organizzazione. Pensa al progetto genoma, pensa ai diversi progetti di ricerca sui grandi numeri primi, prova a navigare in Internet cercandone traccia, ripeto è solo questione di organizzazione. Forse avrai sentito più banalmente parlare del progetto Seti@home. È un progetto che usa i dati raccolti dal radiotelescopio di Arecibo come parte del progetto SERENDIP per analizzare una varietà di tipi di segnale che attualmente SERENDIP non copre. Come funziona? Semplicemente usa la capacità di elaborazione dei computer di chi aderisce al progetto, quando sono *idle* cioè nello stato in cui normalmente viene mandato in funzione un salvaschermo se attivato, e proprio il software necessario è una sorta di salvaschermo. Il pc scarica i dati da elaborare e una volta elaborati li invia al team del progetto SERENDIP. Gli ostacoli, dunque, si possono superare, basta solo sapere che cosa si vuol fare e che cosa si sta cercando.

Ma venendo al problema della ricerca degli *mp3*, così come lo poni tu è sbagliato. L'assunto era che si poteva ricreare un qualunque *mp3* senza servirsi né dell'originale né della traccia audio che lo ha generato. Nel momento che io ti dimostro la possibilità di trovarne uno concretamente, questo dovrebbe essere sufficiente per un ragionevole dubbio sulle modalità di possesso di una sequenza di bit, cosa che del resto mi sembra tu stesso hai convenuto. Se poi vogliamo dar vita ad un progetto *MP3*, anche quelli che ci sembrano rumore o suoni insensati, una volta trovati, non sarebbero da buttare, potrebbero essere un esempio di qualche moda musicale del futuro. ☺

Repetita iuvant, dicevano i latini. Tornerò in questa seconda appendice sulla questione sviluppata nei capitoli dell'opuscolo, utilizzando come *strumento didattico* per l'argomentazione gli sms. È vero che oggi l'utilizzo del servizio di messaggistica breve – come dice il suo nome: *Short Message Service* – è stato ultimamente, praticamente soppiantato dalle chat come *Whatsapp*, tuttavia esso rappresenta uno strumento familiare per tutti noi ed utile perché viene utilizzato per scopi diversi dalla messaggistica in senso stretto, come ad esempio, a Milano, il suo utilizzo per pagare il ticket di Area C.

Senza scendere troppo in dettagli tecnici, si possono premettere alcune caratteristiche del sistema. Diciamo subito delle codifiche previste, due: la codifica standard GSM a 7 bit e la codifica Unicode UCS-2 a 16 bit, quest'ultima usata per poter inviare messaggi usando diversi tipi di alfabeti. Con la codifica standard a 7 bit si possono inviare messaggi di lunghezza massima 160 caratteri; soffermeremo nel seguito la nostra attenzione su questa. Con la codifica UCS-2 si possono inviare sms, ciascuno con non più di 70 caratteri, ma è data la possibilità di concatenare fino 5 sms, in questo caso ciascuno limitato a 67 caratteri. Le limitazioni sono fissate dal protocollo che prevede per il testo inviato dall'utente uno spazio di 140 byte. Osservazioni fatte dai progettisti del protocollo sulla lunghezza dei testi inviati con le cartoline postali e con le telescriventi, in genere inferiori ai 150 caratteri, li indirizzarono a considerare il numero di 160 caratteri come sufficiente per comunicare brevi messaggi. Per ottenerli dai 140 byte a disposizione era necessario adottare una codifica dei caratteri a 7 bit: infatti, poiché un byte è costituito da 8 bit, la lunghezza in bit complessiva a disposizione per codificare il messaggio è di $140 \times 8 = 1120$; e dividendo 1120 per 7, si ottiene proprio 160.

Anche utilizzando la codifica a 7 bit è possibile inviare sms concatenati: in questo caso ciascun sms contiene al massimo 153 caratteri in quanto i rimanenti 7 sono usati dal protocollo GSM per consentire la concatenazione degli sms in modo trasparente all'utente finale.

Nella tabella sottostante la codifica dei 128 caratteri messi a disposizione dalle specifiche tecniche GSM 03-38[41], versione 5.0.0 del dicembre 1995.

b4	b3	b2	b1	b7→ b6→ b5→	0 0 0	0 0 1	0 1 0	0 1 1	1 0 0	1 0 1	1 1 0	1 1 1
					0	1	2	3	4	5	6	7
0	0	0	0	0	@	Δ	SP	0	¡	P	¿	p
0	0	0	1	1	£	1)	!	1	A	Q	a	q
0	0	1	0	2	$	Φ	"	2	B	R	b	r
0	0	1	1	3	¥	Γ	#	3	C	S	c	s
0	1	0	0	4	è	Λ	¤	4	D	T	d	t
0	1	0	1	5	é	Ω	%	5	E	U	e	u
0	1	1	0	6	ù	Π	&	6	F	V	f	v
0	1	1	1	7	ì	Ψ	'	7	G	W	g	w
1	0	0	0	8	ò	Σ	(	8	H	X	h	x
1	0	0	1	9	ç	Θ	)	9	I	Y	i	y
1	0	1	0	10	LF	Ξ	*	:	J	Z	j	z
1	0	1	1	11	Ø	1)	+	;	K	Ä	k	ä
1	1	0	0	12	ø	Æ	,	<	L	Ö	l	ö
1	1	0	1	13	CR	æ	-	=	M	Ñ	m	ñ
1	1	1	0	14	Å	ß	.	>	N	Ü	n	ü
1	1	1	1	15	å	É	/	?	O	§	o	à

Ci sono da fare alcune precisazioni sui contenuti della tabella di codifica standard. Innanzitutto i caratteri che sono marcati come "1)" non sono usati, ma sono visualizzati come uno spazio. Sono poi inclusi tre caratteri di controllo: LF, CR, SP, di cui abbiamo detto il significato nel primo capitolo. Il protocollo prevede poi che i caratteri siano visualizza-

---

41 ETSI (European Telecommunications Standards Institute), *Global System for Mobile communications (GSM) - Digital cellular telecommunications system (Phase 2+); Alphabets and language-specific information.*

ti da sinistra a destra e dall'alto al basso. Per il lettore più curioso, dirò, anche se non sono informazioni essenziali per le successive considerazioni, divagando, come vengono inseriti i caratteri a 7 bit costituenti un messaggio negli sms. Se indichiamo nel seguente modo i 7 bit dell'i-esimo carattere di un messaggio di n caratteri:

b7	b6	b5	b4	b3	b2	b1
ia	ib	ic	id	ie	if	ig

un messaggio di un solo carattere occuperà lo spazio di un byte ed il carattere sarà così impaccato:

7	6	5	4	3	2	1	0
0	1a	1b	1c	1d	1e	1f	1g

Se come in questo caso il numero dei bit in un byte è minore di 8, il byte è completato inserendo degli 0 a sinistra. Ad esempio, se il messaggio è formato da tre caratteri si ha:

7	6	5	4	3	2	1	0
2g	1a	1b	1c	1d	1e	1f	1g
3f	3g	2a	2b	2c	2d	2e	2f
0	0	0	3a	3b	3c	3d	3e

Un messaggio di 8 caratteri sta esattamente in 7 byte:

7	6	5	4	3	2	1	0
2g	1a	1b	1c	1d	1e	1f	1g
3f	3g	2a	2b	2c	2d	2e	2f
4e	4f	4g	3a	3b	3c	3d	3e
5d	5e	5f	5g	4a	4b	4c	4d
6c	6d	6e	6f	6g	5a	5b	5c
7b	7c	7d	7e	7f	7g	6a	6b
8a	8b	8c	8d	8e	8f	8g	7a

Il bit 0 viene sempre trasmesso per primo.

Ancora, per inciso, una osservazione sull'eventuale riempimento di un byte con bit 0 a sinistra per il suo completamento. Qualcuno avrà notato che se si inviassero, ad esempio, solo 7 caratteri, il messaggio sarebbe costituito comunque da 7 byte, l'ultimo di questi riempito a sinistra con 7 bit 0. Ora, guardando la tabella dello standard a 7 bit si trova che 0000000 è la codifica del carattere @. E, quindi, apparentemente si va ad aggiungere al messaggio un carattere non digitato dall'utente. Non è così, questa possibilità non sussiste perché il protocollo prevede nell'intestazione del messaggio un campo, denominato TP-UDL (*TP-User-Data-Length*), che contiene la lunghezza del messaggio stesso: nel caso dell'utilizzo dell'alfabeto di default, quello della tabella, il campo TP-UDL contiene in rappresentazione numerica intera il numero dei caratteri a 7 bit contenuti nel messaggio. Nel caso, invece, che il messaggio sia codificato a 8 bit, possibilità cui abbiamo all'inizio accennato, non ci sono problemi di completamento ed il campo TP-UDL contiene il numero dei byte. Ma torniamo al discorso iniziale. Ripeto: le riflessioni che seguono saranno sviluppate considerando sms non concatenati nella codifica standard a 7 bit.

Quando noi ci troviamo davanti un foglio di carta ed abbiamo in mano una matita o una penna, abbiamo l'impressione – non neghiamolo – di poter comporre, scrivere un numero *infinito* di pensieri diversi. Molto probabilmente se al foglio sostituiamo il nostro telefono cellulare ed alla matita o penna il suo tastierino la stessa sensazione resta: l'impressione che possiamo comporre *infiniti* sms, nostri, *solo nostri*, originali. Ma è un'originalità, per dirla con una metafora, equivalente a sceglierne uno in un repertorio, per quanto vastissimo, di messaggini dei *Baci Perugina*. Già, perché gli sms possibili sono in numero finito. Quanti? Poiché, per comporre un sms, nella codifica standard, abbiamo a disposizione un insieme di 128 caratteri, ed un sms al massimo può essere formato da al più 160 caratteri, se consideriamo ogni sms come avente tale lunghezza – con l'aggiunta ad esempio di spazi in coda, cosa che non ne modifica il significato attribuito al contenuto – il loro numero complessivo[42] è 128^{160}, cioè $1,4242792383964888162918480513432 \times 10^{337}$ circa, ovvero 2^{1120} rappresentando tale numero come potenza di 2. Un numero certamente grande: per fare un confronto, tutte le possibili combina-

---

42 In realtà, considerando gli sms formati da un solo carattere non contenuti in quelli formati da due caratteri, cioè "a" distinto da "a " o da " a", e così via il loro numero risulterebbe maggiore, e precisamente $128 + 128^2 + 128^3 + \dots + 128^{160}$, somma che rappresenta il numero complessivo degli sms possibili di uno, due, tre, ... 160 caratteri.

zioni di 1 2 × del vecchio *Totocalcio*, quando si vinceva se si faceva tredici, erano 3^{13}, cioè soltanto 1.594.323; le sestine possibili al *Superenalotto* solo, per dire, 622.614.630. Ma per capire ancor meglio, è opportuno sottolineare che l'insieme dei 2^{1120} sms possibili, formati da 160 caratteri usando la codifica alfabetica standard a 7 bit di 128 caratteri, contenuta nella tabella riportata, rappresenta non soltanto tutti gli sms in lingua italiana, ma anche tutti quelli scritti in altre lingue alle quali la codifica alfabetica è applicabile. E ancora, in quell'insieme di 2^{1120} sms sono contenuti tutti i lemmi della nostra lingua riportati dallo Zingarelli, dal Devoto-Oli e, così via, da tutti i vocabolari della lingua italiana, ma anche quelli di tutte le altre lingue il cui l'alfabeto in uso è contenuto nella codifica standard. E ancora, per ampliare di più l'orizzonte, tutti gli *haiku* di cui si diceva in uno dei capitoli di questo libro. Tutto ciò che sta, insomma, in 160 caratteri: tutti i titoli dei libri fino ad oggi pubblicati, dei film prodotti, tutti i titoli degli articoli apparsi su giornali e riviste, tutti i tweet che gli occidentali si scambiano ogni giorno su Twitter[43].

Meravigliosi, dunque, quei 160 caratteri d'un sms. Anche 160 come numero ha un suo minimo fascino esclusivo, quando si osservi che lo si può scrivere come $5 \cdot 2^5$. Naturalmente, poi, in quell'insieme c'è oltretutto molta ridondanza. Ad esempio, una frase minima come l'ungarettiana "M'illumino d'immenso", la troviamo scritta così com'è, semplicemente, o ripetuta più volte, fino ad otto volte; o in mezzo a semplici sequenze di caratteri cui non sappiamo dare un senso; o, ancora, con altre sequenze che un senso hanno e con essa costruiscono frasi più lunghe: "M'illumino d'immenso. Meraviglioso, ma quanto, poi, mi costerà la bolletta della luce?". Oppure: "M'illumino d'immenso quando il mio nome compare in un giornale. Anche oggi? Sì!... Ma non era una necrologia, vero?".

L'insieme di tutti gli sms è una piccola, numericamente insignificante, parte della *Biblioteca* che l'insieme N dei numeri naturali rappresenta. Ma nel nostro immaginario esso può risultare un esempio sufficiente per comprendere le caratteristiche della *Biblioteca*. Nei suoi numeri che rappresentano la codifica dei caratteri d'ogni singolo sms, da 0 che rappresenta il messaggio costituito da un solo carattere, "@", al numero

---

43 Un messaggio su Twitter consta di al più 140 caratteri.

più grande possibile[44], costituito, nella rappresentazione binaria, dalla sequenza di bit 1111111 ripetuta 160 volte, cioè un sms costituito da 160 caratteri "à", c'è tutto ciò che noi possiamo scrivere col tastierino di un telefono cellulare inviando un singolo messaggino con la codifica standard a 7 bit. Naturalmente anche tale insieme rappresenta, esso stesso, un libro della *Biblioteca*. E se volessimo riprodurlo? Trascurando due fattori non eludibili, quali lo spazio fisico, la quantità di carta necessaria per metterlo, come si dice, nero su bianco, e il tempo necessario per scriverlo interamente, potremo scegliere fra diversi modi di approccio alla questione. Potremmo fare come fa ogni autore nel suo lavoro *inconsapevole* di scrittura di un libro della *Biblioteca*: metterci a tavolino o al computer e provare a riprodurre a caso le sue sequenze di caratteri, certi di raggiungere prima o poi il successo. Oppure, invece, ponendoci con più razionalità, da un punto di vista combinatorio, il problema di riprodurre tutte le possibili disposizioni con ripetizione dei 128 caratteri della tabella in stringhe di uno, due, tre,... 160 caratteri. Oppure ancora, banalmente, scrivere tutti i numeri da 0 a 2^{1120} e trasformando i gruppi di 7 bit della loro rappresentazione binaria[45] nei corrispondenti caratteri. Potremo, nell'ultimo caso, prendendo a modello algoritmi presentati in uno dei capitoli di questo libro, scrivere un programmino per generare in sequenza gli sms possibili, ottenendo in tempi relativamente brevi piccoli testi significativi.

Mi fermo qua. Spingersi più oltre significherebbe abbozzare un libro di filosofia che merita altro luogo e spazio.

---

44 Tale numero rappresentato nel sistema decimale è:
    14242792383964888162918480513432465216409371640403009729971037612045l
    13415478719007639881209041451055630074000655093473974722206675223l099
    29434400259100512062680086347153555l485395485528316242619445670424359
    44993535084132588196941322891072406503377213352323037077384970994853O
    89450777507879083442634420291861180736024127002634265953304575.
45 Aggiungendo eventualmente degli zeri a sinistra per ottenere un numero di cifre binarie multiplo di sette.

INDICE

NOTIZIA

Sergio Fumich è nato a Trieste nel 1947. Dal 1970 si è trasferito a Brembio, piccolo comune del Lodigiano. Formatore nell'ambito della *Information Technology*, ha svolto attività pubblicistica dal 1978 al 1995 come collaboratore del quotidiano di Lodi *Il Cittadino*, come direttore responsabile di alcuni fogli locali e della rivista di poesia *Keraunia*. Ha pubblicato libri di poesia e di racconti, opuscoli e testi divulgativi su vari argomenti. Ha curato le pubblicazioni del Circolo Andreani.